全国林业职业教育教学指导委员会"十二五"规划教材

植物组织培养技术

郑郁善　主编
陈剑勇　段鹏慧　副主编

中国林业出版社

内容简介

本教材充分体现高等职业教育特点，按照组培生产岗位与职业能力要求，以项目为载体，以任务为目标，设计了 5 个学习项目，12 个工作任务。在任务学习之前，预先设置了课程导入部分，重点介绍了植物组织培养的基本概念和基础知识，使学生了解植物组织培养和组培快繁的基础理论。项目 1 重点介绍了组培生产场所设计及设备配置、培养基配制及无菌技术；项目 2 重点介绍了植物组培快繁的基本操作流程及其问题的解决办法；项目 3 重点介绍了脱毒苗培育的基本知识与操作方法；项目 4 重点介绍了植物组织培养在林木、观赏植物、药用植物种苗生产上的应用技术，使学生掌握多种经济植物组培快繁生产实用技术；项目 5 介绍了组培工厂化育苗生产的经营与管理技术，指导学生掌握种苗生产企业的经营与管理技术。

每个任务包括任务目标、任务描述、任务实施、任务提交、相关知识和拓展知识，突出任务的可操作性和生产实用性，贴近组培生产和管理实际，为学生就业、创业打下良好基础。

本教材适用于全国高等职业技术院校、中等职业学校的生物技术、林业类和农业类等有关专业教学和培训，也可作为科研应用单位、植物组织培养实验中心、工厂化育苗公司等技术人员的参考用书。

图书在版编目（CIP）数据

植物组织培养技术/郑郁善主编.—北京：中国林业出版社，2014.8（2022.1 重印）
全国林业职业教育教学指导委员会"十二五"规划教材
ISBN 978-7-5038-7593-9

Ⅰ.①植… Ⅱ.①郑… Ⅲ.①植物组织–组织培养–高等职业教育–教材 Ⅳ.①Q943.1

中国版本图书馆 CIP 数据核字（2014）第 166471 号

中国林业出版社·教材出版中心
策　划：牛玉莲　肖基浒　　　　责任编辑：高兴荣　肖基浒
电　话：(010) 83143611　　　　传　真：(010) 83143516
E - mail：jiaocaipublic@163.com

出版发行：中国林业出版社（100009　北京市西城区德内大街刘海胡同 7 号）
　　　　　电话：(010) 83143500
　　　　　http：//www.forestry.gov.cn/lycb.html
经　销：新华书店
印　刷：北京中科印刷有限公司
版　次：2014 年 8 月第 1 版
印　次：2022 年 1 月第 4 次印刷
开　本：787mm×1092mm　1/16
印　张：7.75
字　数：188 千字
定　价：18.00 元

未经许可，不得以任何方式复制或抄袭本书之部分或全部内容。
版权所有　侵权必究

教材编写审定专家委员会

主　任

丁立新　国家林业局人事司　高级经济师

副 主 任

邹学忠　辽宁林业职业技术学院　教授
贺建伟　全国林业职业教育教学指导委员会　研究员
刘东黎　中国林业出版社　编审
吴友苗　国家林业局教育培训处　工程师
李炳凯　国家林业局职教中心　教授

委　员

郑郁善　福建林业职业技术学院　教授
宋丛文　湖北生态工程职业技术学院　教授
关继东　辽宁林业职业技术学院　教授
胡宗华　云南林业调查规划院　高级工程师
牛玉莲　中国林业出版社　编审
王巨斌　辽宁林业职业技术学院　教授
胡志东　南京森林警察学院　副教授
张余田　安徽林业职业技术学院　副教授
钱拴提　杨凌职业技术学院　教授
苏杰南　广西生态工程职业技术学院　教授
李云平　山西林业职业技术学院　教授
林向群　云南林业职业技术学院　教授

《植物组织培养技术》编写人员

主　编

郑郁善

副 主 编

陈剑勇　段鹏慧

编　者（按姓氏笔画排序）

王红梅（江苏农林职业技术学院）

司守霞（河南林业职业学院）

李荣珍（广西生态工程职业技术学院）

陈剑勇（福建林业职业技术学院）

郑郁善（福建林业职业技术学院）

段鹏慧（山西林业职业技术学院）

傅海英（辽宁林业职业技术学院）

序

为了推动林业高等职业教育的持续健康发展，进一步深化高职林业技术专业教育教学改革，提高人才培养质量，全国林业职业教育教学指导委员会（以下简称"林业教指委"）按照教育部的部署，对高职林业类专业目录进行了修订，制定了专业教学标准。在此基础上，林业教指委和中国林业出版社联合向教育部申报"高职'十二五'国家规划教材"项目，并于2013年11月12~14日在云南昆明召开了"高职林业技术专业'十二五'国家规划教材"和部分林业教指委"十二五"规划教材编写提纲审定会议，开始了2006年以来的新一轮的高职林业技术专业教材的编写和修订工作。根据高职林业技术专业人才培养工作需要，编写了《森林环境》《森林植物》《林木种苗生产技术》《森林经营技术》《森林营造技术》《森林资源经营管理》《森林调查技术》《林业有害生物控制技术》《林业法规与执法实务》《林业"3S"技术》《植物组织培养技术》《森林防火》共12部教材。

本套教材的编写，凝聚着全国林业类高职院校2006年以来的教育教学改革的成果和从教的广大教师、专家的教学科研成果，特别是课程改革的成果。有些为省部级精品课程、国家精品课程和国家精品资源共享课程，如《林业种苗生产技术》教材是辽宁林业职业技术学院从2006年开始深化二轮课程改革打造的国家精品课程和国家精品资源共享课程，在此基础上，结合全国其他学校改革成果编写而成的。既满足林业技术专业对人才培养的需要，又符合人才培养规律、职业教育规律和生物学规律，是一部优秀的高职林业技术专业教材。

本套教材坚持积极推进学历证书和职业资格证书"双证书"制度，促进职业教育的专业体系、课程内容和人才培养方式更加适应林业产业需求、职业需求。在教材编写中，坚持职业教育面向人人，增强职业教育的包容性和开放性。教材内容以林业技术专业所覆盖的岗位群所必需的专业知识、职业能力为主线，采取能够增强学生就业的适应能力、实际应用能力、提高职业技能的课程项目化方法，有利于促进高职院校采取行之有效的项目化课程教学的新型模式。

本套教材适用范围广，应用面宽。既可作为全国高职林业技术专业学生学习的教材，又适用于全国林业技术培训用书，还可以作为全国林业从业人员的专业学习用书。

我们相信本套教材必将对我国高等职业教育林业技术专业建设和教学改革有明显的促进作用，为培育合格的高素质技能型林业类专业技术人才作出贡献。

全国林业职业教育教学指导委员会
2014年6月

前言

"十二五"期间,生物产业已作为战略性新兴产业列入国家总体发展规划。植物组织培养技术作为一项新兴的生物技术在生物产业特别是生物农业中发挥着越来越重要的角色,必将急需一批生产、管理第一线的技术技能型人才。为了让更多的人了解植物组织培养的基本理论、基本方法,掌握组织培养应用技术,我们在汲取他人经验的基础上,结合多年来的实践经验与教训,编写了这本书。《植物组织培养技术》是全国高等职业院校生物技术类专业骨干课程,适用于全国高等职业技术院校、中等职业学校的生物技术、林业类和农业类等有关专业,也可供生物技术领域科研应用单位、组培实验中心、工厂化育苗公司等人员学习参考。

本教材基于组培生产岗位与职业能力要求,体现高职教育的岗位针对性和应用性,以项目为载体,以能力培养为核心,设计了组培生产设施与操作、植物组培快繁、脱毒苗培育、组培生产与应用和组培生产经营与管理5个项目,包括组培生产设施、组培基本技能操作等12个工学结合工作任务,基本涵盖了植物组织培养所需的生产、管理和销售等岗位的知识与技能。项目选取组培技术与产业的发展态势,在任务设计上按照任务目标、任务描述、任务实施、任务提交、相关知识和拓展知识编排,突出任务的可操作性和生产实用性。全书的项目、任务之间相对独立,便于各高职院校教师结合区域特点,产学合作的实际,以及季节、农时等因素,灵活安排任务教学。通过对本教材的系统学习和训练,学生能够掌握通俗易懂的理论基础知识,也能掌握实践操作技能,培养学生的分析能力和解决问题的能力,为今后就业、创业打下坚实的基础。

为了能充分发挥各自的专长,我们采取分工负责、积极合作的方法,由郑郁善、陈剑勇负责任务1、任务2、任务6、任务11(金线莲组培快繁生产)和任务12的编写工作并做全书统稿;段鹏慧负责任务3、任务10(兰花、红掌组培快繁生产)编写;傅海英负责任务4、任务5编写;司守霞负责任务7、任务8、任务9(杨树组培快繁生产)编写;李荣珍负责任务9(桉树组培快繁生产)、任务11(铁皮石斛组培快繁生产)编写;王红梅负责任务10(红叶石楠、樱花、菊花、月季组培快繁生产)。本教材在编写过程中引用了部分同行资料和图片,在此表示真诚谢意。

由于时间仓促,编者水平有限,错误遗漏在所难免,恳请同行和读者批评指正。

编　者

2014年3月

目录

序
前言

课程导入 1
  0.1 植物组织培养的基本概念及类型 1
  0.2 植物组织培养的基础理论 2
  0.3 植物组织培养的意义、特点及应用 3
  0.4 植物组织培养的发展概况及展望 6

项目1 组培生产设施与操作   8
  任务1 组培生产设施 10
    相关知识 11
      1.1 植物组织培养生产场地的设计 11
      1.2 植物组织培养生产仪器设备配置 15
  任务2 组培基本技能操作 18
    相关知识 19
      2.1 常用培养基的配方 19
      2.2 培养基母液的配制 22
      2.3 培养基的制作 24
      2.4 环境灭菌操作 25

项目2 植物组培快繁   28
  任务3 初代培养 30
    相关知识 31
      3.1 外植体的选择 31
      3.2 外植体灭菌 33
      3.3 外植体接种 34
  任务4 继代培养和生根培养 37
    相关知识 38
      4.1 继代培养 38
      4.2 生根培养 41
  任务5 组培苗炼苗移栽 47
    相关知识 48
      5.1 试管苗的特点 48

5.2　组培苗的炼苗 49
　　5.3　组培苗的移栽 50
　　5.4　提高试管苗炼苗移栽成活率的措施 51
　　5.5　移植后管理 51
　任务6　组培生产常见问题及控制 53
　　相关知识 54
　　6.1　试管苗污染的发生与控制 54
　　6.2　试管苗玻璃化的发生与控制 56
　　6.3　试管苗褐化的发生与控制 57
　　6.4　遗传变异与植物组培快繁的安全性 58

项目3　脱毒苗生产　62
　任务7　植物脱毒培养 64
　　相关知识 65
　　7.1　茎尖培养脱毒 65
　　7.2　热处理脱毒 67
　　7.3　其他组织培养脱毒方法 67
　任务8　脱毒苗的鉴定 71
　　相关知识 72
　　8.1　指示植物鉴定法 72
　　8.2　抗血清鉴定法 72
　　8.3　电子显微镜鉴定法 73
　　8.4　酶联免疫测定法 73

项目4　组培生产与应用　76
　任务9　林木组培生产与应用 78
　任务10　观赏植物组培生产与应用 83
　任务11　药用植物组培生产与应用 91

项目5　组培生产经营与管理　96
　任务12　组培生产经营与管理 98
　　相关知识 99
　　12.1　组培育苗生产计划的制订与经营管理 99
　　12.2　组培育苗生产成本核算 102
　　12.3　降低组培生产成本,提高经济效益的技术措施 103

附录1　学生工作页 109
附录2　植物组织培养基中常用的化合物的相对分子质量 110
附录3　常用英文缩略语 112
附录4　乙醇稀释简便方法、稀酸和稀碱的配制方法 113
参考文献 114

课程导入

0.1 植物组织培养的基本概念及类型

0.1.1 植物组织培养的概念

植物组织培养是指在无菌条件下，将植物的离体器官、组织、细胞以及原生质体，应用人工培养基，创造适宜的培养条件，使其长成完整小植株的过程。

植物组织培养又称植物无菌培养。根据培养基的形态，分为固体培养和液体培养两种。固体培养是在植物无菌培养的培养基中加入琼脂，使培养基固化，被培养的植物茎段、侧芽、顶芽容易插入固定，有利于器官(茎、芽、叶、根等)的分化生长。液体培养是指培养基中不加琼脂，培养基为液体，被培养的植物器官、组织或细胞悬浮在液体中，又称悬浮培养。在培养过程中，将培养基和被培养器官、组织、细胞放入振荡器中振荡而完成培养过程，称为振荡培养，这种方法主要用于组织培养或细胞培养。将培养基和被培养器官、组织、细胞放入摇床旋转，称为旋转培养，这种方法主要用于器官脱分化培养。将培养基中放入滤纸，再将材料置于滤纸上进行培养称为纸桥培养，这种方法主要用于植物脱毒茎尖培养。

在植物组织培养过程中，由植物体上切取的根、茎、叶、花、果、种子等器官以及各种组织和细胞统称为外植体。

愈伤组织是指形态上没有分化但能进行活跃分裂的一团细胞，细胞排列疏松无序或较为紧密，多为薄壁细胞。在自然状态下，当植物体的一部分受到机械损伤、昆虫咬伤或由于风、雪等自然灾害的袭击而局部受伤时，经过一段时间的修复，便会在伤口处形成一团愈伤细胞，对植物体起保护作用。愈伤组织的产生是植物受伤部位的组织代谢发生暂时紊乱，诱导内源生长素和细胞分裂素加速合成的结果。在离体培养条件下，许多植物的外植体也会出现类似情况，在外植体切口处及其附近形成愈伤组织，这主要是由于培养基中有外加生长素和细胞分裂素。与自然条件下产生的愈伤组织不同，离体培养条件下产生的愈伤细胞具有再分化的潜力，在适宜的培养基上和有利的培养条件下可再分化出一个完整的植株。因此，诱导培养的外植体产生愈伤组织，使愈伤组织再分化产生幼小植物体，是植物组织培养中一项很重要的技术。

0.1.2 植物组织培养的类型

根据植物组织培养的应用目的不同，研究方向和培养形式不同，分为以下几种类型：

(1) 植物培养(种子培养)

植物培养是指幼小植株的培养。某些植物的种子微小，常规播种基质和环境温湿度、光照不能满足种子发芽要求的条件，采用组织培养进行无菌播种，可使幼小植株正常生长发育，茎、叶、根、花等器官正常分化。无菌播种已是各个大型蝴蝶兰生产企业主要使用的种苗繁育技术。

(2) 器官培养

将植物的根、茎、芽、叶、花、果等离体器官(外植体)，经诱导形成器官的再生体而培养成完整小植株，植物离体培养也称器官培养。器官培养适于组培快繁工厂化应用，生产时间短，速度快，生产量大，成本低，便于操作，种苗遗传稳定性高，是组培企业生产的主要技术手段。如马铃薯器官离体快繁、中国兰花的根状茎培养等。

(3) 离体胚培养

将分化过程中成熟或未成熟的胚取出进行培养称为离体胚培养。在远缘杂交中，杂交后形成的胚往往尚未成熟就停止生长，不能形成有生命力的种子，因而杂交不孕，这给远缘杂交带来了极大的困难。通过离体胚培养，可克服远缘杂交不亲和的障碍。

(4) 细胞培养

细胞培养是外植体在人工条件下(外源激素、人工培养基、适宜温度和光照)经诱导产生脱分化过程，形成愈伤组织，然后进行愈伤组织培养。愈伤组织在特定条件下(外源激素、人工培养基、适宜温度和光照)经诱导产生再分化过程，形成丛生芽或胚状体，再形成完整的小植株。

(5) 原生质体培养

在组培过程中，对去掉细胞壁而裸露的原生质体进行培养称为原生质体培养。原生质体是指去掉细胞壁的由质膜包裹着的具有生活力的裸露细胞。原生质体培养及在此基础上诞生的细胞融合是细胞工程的核心。

(6) 基因工程

植物基因工程是指利用重组 DNA、细胞组织培养等技术，将外源基因导入植物细胞或组织，使遗传物质定向重组，从而改良植物性状，培育优质高产的植物新品种。自1983年首次诞生转基因植株以来，在人工控制条件下利用植物遗传转化定向改良植物性状已逐渐成为选育植物新品种的有效途径。

0.2 植物组织培养的基础理论

0.2.1 植物细胞全能性

植物细胞全能性，是指植物体的每个具有完整细胞核的细胞，都具有该植物体的全部遗传信息和产生完整植株的能力。植物细胞全能性是一种潜在的能力，不管是性细胞还是体细胞，在特定条件下都能表达出来，产生一个完整植株。植物组织和细胞培养就是以细胞全能性作为理论依据，人工创造出适合于生长的理想条件，使细胞的全能性得以发挥。

0.2.2 植物细胞分化和脱分化

一粒成熟的种子含有一个小小的胚，也可以叫作胚胎。构成胚胎的所有细胞几乎都保持着未分化的状态和旺盛的细胞分裂能力，随着时间的推移，细胞的命运发生不同变化，形态和功能也发生变化，有的形成叶的细胞，有的形成根的细胞，有的形成茎的细胞，有的仍保持分裂能力，有的则逐渐失去分裂能力，细胞的这种在形态结构和功能上发生永久性（不可逆转性）适度变化的过程就叫作分化。

把一个已经失去分裂能力、处于分化成熟和分裂静止状态的细胞置于特定的增殖培养基上时，使其回复到分生性状态并进行分裂，形成无分化的细胞团即愈伤组织的现象称为"脱分化"。经过脱分化的细胞如果条件合适，就可以长久保持旺盛的分裂状态而不发生分化。由无分化的愈伤组织的细胞再转变成为具有一定结构、执行一定生理功能的细胞团和组织，构成一个完整的植物体或植物器官的现象，称为"再分化"。一个已分化细胞要表达出其全能性，就要经过脱分化和再分化的过程，这就是植物组织和细胞培养所要达到的目的。设计培养基和创造合适培养条件的主要原则就是促使植物组织和细胞完成脱分化和再分化，培养的主要工作就是设计和筛选培养基，探讨和建立合适的培养条件。植物激素对调节细胞脱分化和再分化起主要作用。植物对激素的反应十分敏感，培养基中生长素类和细胞分裂素类的种类、相对比例和绝对量都能直接影响细胞脱分化与再分化的过程，组培中常常通过调节激素的种类、浓度和相对比例达到调节脱分化和再分化的目的。

0.2.3 细胞的再分化和形态（器官、胚）建成

植物细胞脱分化过程的难易程度与植物种类、组织和细胞状态有直接关系。一般单子叶植物和裸子植物比双子叶植物难，成年细胞和组织比幼年细胞和组织难度大，单倍体细胞比二倍体细胞难度大。脱分化后的细胞进行再分化过程有两种不同的形式：一种是器官形态建成，愈伤组织不同部位分别独立形成丛生芽，形成的时间不一致；另一种是胚形态建成，在愈伤组织表面或内部形成很多胚状体，也称体细胞胚（体胚）或胚状体，它的生长发育与合子胚相似，成熟胚状体的结构与合子胚相同。在某些情况下，再分化可以直接发生在脱分化的细胞中，其间不需插入一个愈伤组织阶段，直接分化出芽或根，形成完整植株。

0.3 植物组织培养的意义、特点及应用

0.3.1 植物组织培养的意义

植物组织培养是一项新兴的生物技术工程，已在农业、林业、生物医药产业等领域发挥着越来越重要的作用。随着农业科技、环保科技和制药科技的发展，我国不断加大力度支持科学技术成果转化和技术推广应用工作。全国各地的大专院校、科研机构对商业化组织培养生产越来越重视，纷纷投资建设生物技术公司或商业化运转的生产实体，农民科技种植户也采取小规模的家庭作坊式生产。组织培养具有不占耕地、生产不受季节限制而且能够全年连续进行、不受灾害性天气和病虫害影响的特点。同时，由于组织培养中植物材料的生长环境是人为创造和可以人为控制的，并且采用了更适于植物生长的"培养基"代替土壤提供植物材料生长发育需要的养分和生长调节物质，因此，不论是小规模还是大规模的生产，由于技术效果稳定，只要生产计划合理，产品适销对路，就可以取得较高且稳

定的生产效益和经济效益。

0.3.2 植物组织培养的特点

(1) 遗传稳定性优势明显,有利于良种保持

植物组织培养技术属无性繁殖范畴,通过茎尖、茎段等发生不定芽的方式或胚状体繁殖方式可获得大量形态、生理特性不变的再生植株,保持母本的优良特性。利用植物体的微茎尖(≤0.5mm)进行培养,可获得无病毒植株,解决了种苗退化问题。

(2) 生长快,周期短,繁殖率高

植物组织培养是由于人为控制培养条件,根据不同植物、不同离体器官的不同要求而提供不同的培养条件,因此生长较快。另外,植株也比较小,往往1~2个月就可以完成一个生长周期。所以,虽然组培生产需要一定的设备及能源消耗,但由于植物材料能按几何级数繁殖生产,故总体来说成本低廉,且能及时提供规格一致的优质种苗或脱病毒种苗。

(3) 经济方便,效率高

植物组织培养快繁生产以茎尖、侧芽、根、叶、子叶、下胚轴、花瓣等作材料进行器官培养,只需几毫米甚至不到1mm大小的材料。由于取材少,培养效果好,对于新品种的推广和良种复壮更新,都有重大的实践意义。植物组织培养实验栽培微型化、精密化,节约人力、物力和土地,管理方便。

(4) 培养条件可以人为控制

植物组织培养采用的培养材料完全是在人为提供的培养基及小气候环境条件下生长,摆脱了大自然中四季、昼夜的变化以及灾害性气候的不利影响,且条件均一,对植物生长极为有利,便于稳定地进行周年培养生产。

(5) 管理方便,利于工厂化生产和自动化控制

植物组织培养是在一定场所和环境下,人为提供一定的温度、光照、湿度、营养、激素等条件,极利于高度集约化和高密度工厂化生产,也利于自动化控制生产。与盆栽、田间栽培等相比省去了中耕除草、浇水施肥、病虫害防治等繁杂的劳动,可以大大节省人力、物力及土地。

0.3.3 植物组织培养在生产中的应用

(1) 优良品种的快速繁殖

许多植物用种子繁殖,其后代可能发生变异,不能保持原有的优良性状。如果采用常规的无性繁殖方法,繁殖系数低。采用组织培养无性系快速繁殖,以微小的植物材料、较高的增殖倍数和较快的繁殖速度,一年生产几万、几十万甚至几百万株小苗,达到繁殖材料微型化、培养条件人工化,实现育苗的工厂化生产,从而大幅度提高经济效益。

在组培快繁方面,许多品种已实现了规模化生产,如海南、广东、广西的桉树苗,云南、上海的鲜切花种苗,福建、浙江的金线莲、铁皮石斛种苗,江苏、河北的速生杨种苗等。

(2) 植物茎尖脱毒及脱毒苗的再繁育

植物因为土壤栽培易感染病毒,导致植株发病,通过常规的繁殖方法带病母株将病毒传递给幼苗,给生产带来较大的损失。如柑橘的衰退病曾毁灭了部分橘园,葡萄的扇叶病毒侵染使产量降低10%~50%,危害马铃薯的病毒已达十余种。过去常采用拔除病株的做法,近年来又开展抗病育种和综合防治,虽然取得了一定成效,但由于种苗本身带毒,仍不能彻底解决问题。

将植物预先培养出幼嫩的生长点,放在高温(38℃)下处理60~90d,脱去部分病毒;再取0.5mm植物茎尖进行无菌培养,获取脱毒植物茎尖,经检测达到标准指数后可快繁脱毒种苗。常见脱毒生产的植物有马铃薯、甘薯、草莓、姜、大蒜、香石竹、兰花、百合、大丽花、郁金香等。种苗脱毒后建立原原种田,采用脱毒苗生产,产量明显提高。目前,我国已建立了很多脱病毒种苗生产基地,培养脱毒苗供应全国生产栽培,经济效益非常可观。

(3)培育新品种

常规的育种工作是一个漫长的过程。植物组织培养应用现代技术手段解决了育种周期长、技术烦琐、短期不见效果的问题。

①诱导和筛选突变体　在细胞培养的过程中,由于培养基、激素、培养条件不同,会产生一些突变体。把这些突变体选择出来进行培养,选育出具有某些抗性或单纯营养型的品种。

②细胞原生质离体培养　从细胞中提取细胞质,将携带遗传物质的原生质体培养成小植株。

③体细胞杂交　也称细胞原生质融合。提取的细胞原生质在人为条件下,用一定的方法诱导,促进细胞原生质体的融合。

(4)基因工程应用

转基因花卉就是利用分子生物学技术,将花卉中某些基因转移到其他花卉植物中去,改变原有花卉的遗传物质,使其在花色、花形、抗逆性等方面有所改变,提高其观赏价值。

我国特有的金黄色山茶花(金花茶),很长时间都被国外行家作为猎取的对象,其原因就是金花茶具备其他山茶花所没有的金黄色花色素遗传基因。人们看到的五颜六色的三色堇、矮牵牛,是由于它们体内存在相关色素的基因所致,有些是经过转基因育种获得的新品种。香豌豆、夜来香中发出的香味与其独特的基因有关,将香豌豆中产生香味的基因除去后,新品种香豌豆就失去了香味。大花蕙兰通过转基因育种,育成了有香味的转基因大花蕙兰。

花卉的抗病抗虫、抗热耐寒等特性都由体内特有的基因所支配。对露地栽种或者引入北方栽培的花卉来说,培养抗逆性特别重要。彩色马蹄莲栽种时最易发生细菌腐烂病,但是有些品种本身具有抵抗细菌病的基因,将其抗病基因转入易感病品种中,感病马蹄莲就成为抗病品种。

(5)植物资源离体保存

植物离体保存是将单细胞、细胞原生质体、愈伤组织、体细胞胚、试管苗等组织培养物,保存在抑制生长、缓慢生长或不能生长的条件下,达到保存植物种质资源的目的。植物资源保存有以下几种方法:生态保存、种子保存和离体保存,保存的植物有名特新优品种、自然界中面临濒危的植物资源等。

通过组织培养保存植物资源不受环境影响，节省空间、人力和物力，便于管理，随时可开发应用，也便于国际植物资源的交换交流。

(6) 其他方面的应用

利用植物组织或细胞大规模培养，以合成人类需要的天然有机物，已取得突破性进展。培养植物细胞像培养微生物那样大量生产微生物不能合成的产物，如取得药用植物中的有效成分，香料植物中的香精，经济作物提取的糖类以及工业生产中的初生产物和次生产物，已经投入规模化生产，预计次生代谢产物的生产将有更多的需要和更大的发展。

0.4 植物组织培养的发展概况及展望

1902 年，德国植物学家哈伯兰德(G. Haberlandt)提出了高等植物组织和器官可以不断分割，直至单个细胞，并且每个细胞都具有进一步分裂分化、发育的能力。1943 年，美国科学家怀特(White)提出"植物细胞全能性"学说，即植物的每一个细胞都像胚胎细胞一样，可以在体外培养成一棵完整的植株，现已成为植物组织培养的理论基础。

植物组织培养的商业性应用始于 20 世纪 70 年代美国的"兰花工业"。在"兰花工业"高效益的刺激下，植物离体微繁技术和脱毒技术得到了迅速发展，实现了试管苗产业化，取得了巨大的经济效益和社会效益。早期组培苗产业化生产主要集中在发达国家，如美国、荷兰、英国等，随着劳动力成本的增加，组培快繁产业也逐渐向低廉工资的发展中国家转移，如印度等。我国植物组织培养产业化在种质资源、人力及技术上的优势，加上各地政府对现代农业的高度关注，近年来组培快繁企业如雨后春笋般在全国各地建立，大力繁殖珍贵花卉、药用植物及速生丰产林种苗，取得了显著的成效。

植物组织培养作为一项高新技术，应用前景十分广阔，在科技发展的时代，除了目前所掌握和了解的技术之外，将来还可以从以下几个方面进行应用开发：挽救濒临灭绝植物、快速繁殖稀有植物或有较大经济价值的植物、作为植物生物反应器、超低温保存植物种质资源等。

总之，植物组织培养目前仍然处于发展阶段，远远没有达到高峰期，很多机理还没有搞清楚，它的潜力还远远没有发挥出来。在今后的几十年内，组织培养在我国将会有更大的发展，在农业、制药业、加工业等方面将会发挥更大的作用，创造出更加辉煌的业绩。

项目 1
组培生产设施与操作

任务 1　组培生产设施
任务 2　组培基本技能操作

知识目标

1. 理解组培生产设施设计的原理及要点。
2. 掌握组培培养基配方的组成。
3. 掌握组培培养基配制与灭菌原理。
4. 掌握组培无菌操作原理。

技能目标

1. 会独立设计植物组织培养实训基地，合理配备仪器设备。
2. 能掌握组培培养基母液的配制方法。
3. 能掌握组培培养基配制及其灭菌操作技术。
4. 会使用各种灭菌技术。

任务 1
组培生产设施

→ 任务目标

能全面理解植物组织培养基本理论知识，掌握植物组织培养实验室的空间布局和功能划分、常用的仪器设备及其性能，能独立设计出一个布局合理、功能齐全的植物组织培养。

→ 任务描述

植物组织培养生产设施是指从事植物组织培养工作应该具备的场所要求和仪器设备配备。具体任务包括：①组织培养生产场地的设计。按照组织培养生产的要求，对场所进行科学、合理地规划和设计，达到满足各操作功能的要求。②组织培养生产仪器设备的配置。按照组织培养生产的要求，根据各分室功能的划分，配置相应的仪器设备，以满足生产需要。

→ 任务实施

1. 任务分析

采用组培快繁技术进行植物种苗的工厂化生产，包括入选品种外植体的筛选及获取、外植体灭菌诱导培养、无菌材料繁殖、继代扩繁、单株生根、出瓶过渡炼苗、包装进入市场等工艺程序。如何让组培室的平面设计和构成设计合理地考虑这些工序？

2. 材料与用具

植物组织培养工厂化育苗基地、测量尺、记录本、相关教学案例及教学资源等。

3. 方法与步骤

(1) 组培生产场地的选择及育苗车间的设计

①育苗生产场所选址要求排灌水方便，远离污染源，水电供应充足，交通便利(但要远离交通干线 200m 以外)，周边环境清洁，地下水位在 1.5m 以下。一般建在城市的近郊区。其规模大小要根据市场需求、年预期产苗量、投资额、现有条件等因素综合确定，体现适用性。

②流水线式设计布局合理，符合生产工艺流程和工作程序，便于操作，体现系统性、适用性，利于提高生产效率。充分考虑准备室、配药室、接种室、缓冲室、培养室、洗涤室、高压灭菌室及育苗温室的区划和布局。育苗工厂各车间的大小与相对比例合理，在车间的设计和设施设备的配置、摆放上与其功能相适应。特别是接种车间和培养车间要求密闭，保温性能良好，能够充分利用自然光源，以减少污染及能耗。为了节省用地，也可以改成楼层设计，但必须增加电梯吊装设备，并考虑各作业间之间流水作业的便捷。

③建筑与装修材料要经得起消毒、清洁和冲洗；厂房的防水处理应高标准，不能有渗漏雨现象；地基最好高出地面30cm以上。

(2) 各生产车间仪器设备配置的设计

合理规划好各分室所需配备的仪器设备及数量，特别是超净工作台、高压灭菌锅、天平、pH计、电炉、空调、培养架及各种玻璃器皿、接种器械的配备与安装位置设计。

由于组培苗生产从进瓶到出瓶都是在无菌条件下完成，故考虑建设一个组培工厂生产规模时通常以购买多少无菌工作台来衡量。要根据市场需求规律，按最高供应季节需求量除以月生产量来确定必须购置的无菌工作台数量。当工作台数量确定后，才能设计无菌工作台的摆放方式，计算出接种室的需求面积。按日生产组培苗瓶数及培养期，结合周转期计算需要的培养架数量，以此为基础很容易就可以计算出培养室需求面积，一般为一台无菌工作台，需配备培养架4架(1.2m×0.5m×5层)，无菌操作室与培养室的面积比例为1:(1.5~2.0)。

围绕组培工厂建设，其他必备的配套设施设备及操作用具购置的数量，应以每个无菌工作台的需求量计算，解剖刀、镊子、刀片等常用工具还要有充足的备用量。试管苗出瓶、移栽需要安排在过渡培养温室或大棚内进行。现代的组培工厂还需要建有种质资源保存圃、原原种、原种圃、生产性栽培展示区等，其面积大小应根据不同植物的种类来确定。

灭菌室最好和配制培养基的实验室相邻或尽量靠近，因配制好的培养基和一些器皿需要尽快进行高温高压灭菌，如果两处相距太远会给工作带来诸多不便。灭菌室面积可小一些，其内除放灭菌锅外最好还有临时存放培养基、培养器皿的架子，也应有自来水装置。灭菌室可根据灭菌锅的多少、工作量的大小来确定面积，要求房间能有较好的通风散热条件，且要配备专门的电源线路，因为电热灭菌锅的耗电量很大，普通的照明线路或动力线很难承受。灭菌锅是一种高温高压容器，操作人员应有一定的专业技术训练才能操作，且在操作过程中一定要认真、负责、细心，及时检查核对锅内的水位、锅上的压力表、放气阀、安全阀等，检查是否正常，切莫违规操作，酿成事故。

→ 任务提交

1. 提交学生工作页；
2. 提交组培工厂化育苗生产车间设计及仪器设备配置图。

→ 相关知识

1.1 植物组织培养生产场地的设计

1.1.1 植物工厂化生产场地的选择

组培快繁是高密度集中生产，需要无菌环境，应选择周围安静、无污染、阳光充足、无高大建筑物遮挡的场地，不能选用商业闹市环境，更不能选用有化工产品生产的场地，否则容易造成空间的污染，对植物快繁造成影响。最好选在花卉、蔬菜、果品生产的厂区，方便种苗运输和保鲜，也适应植物组培快繁生产的需要。在北方(长江以北)建设厂房，应选择地势平坦的地方，坐北朝南。厂房后面种植高大的树木，秋冬季挡风防寒。在南方(长江以南)建设厂房，应选择地势平坦、前后都没有建筑物的场所，有利于春、夏、秋季的通风。

1.1.2 植物工厂化生产场地的设计

组培快繁要求无菌环境，应建设一座比较大的厂房，在大厂房内间隔成若干操作间，这样有利于环境的无菌隔离保护。其中有药品贮藏间、药品配制间、玻璃器皿洗涤间、培养基制作间、消毒灭菌操作间、试管苗无菌转接操作间、试管苗无菌培养间等。

(1) 药品贮藏间

药品贮藏间主要用于药品的贮藏。植物组织培养快繁生产需要许多化学药品，这些药品的质量和保存直接影响培养效果。环境温度过高、湿度过大和光照过强等不良环境条件，严重影响药品的质量和使用期限。为了保证生产正常和生产效益，必须建立一个单独的药品贮藏间。

贮藏间的大小可根据药品的多少和生产规模确定，一般为 $10\sim15m^2$，可分成两间，里间贮藏药品，外间配制药品。贮藏间不能太小，终年保持相对较低的温度和较好的通风干燥条件，同时要遮光，防止药品受到太阳光直射。在药品贮藏间内应分别设置几个药品橱，将固体药品和液体药品分开，大包装与小包装分开，常用药品与不常用药品分开，危险、易燃、易爆、有腐蚀性的药品与普通药品分开。药品橱的设计以内部阶梯式结构较为合适，药品的摆放应按一定的顺序，每一阶梯层上摆放一行，这样看起来一目了然，工作十分方便。同时还应建立药品购进和使用档案，记录药品的购进日期、数量、取用的数量、日期及使用人员等，既不使药品过期贮藏，也不影响生产，从而有利于生产按计划进行。

组培快繁大规模工厂化生产所用的药品，可选用厂家批量生产的药品，经过预备实验后，可大量生产应用。药品价格便宜，可降低成本，节约经费。如琼脂粉，大量购买价格便宜，小包装价格高，不适宜用于生产。如果小范围实验，可用市场零售的分析纯试剂，分析纯质量好，实验效果好。有些药品用量很少，也可用分析纯，如微量元素、有机物等。有些药品也可选用代替品，蔗糖可用白砂糖代替，降低生产成本。

易燃、有毒的药品最好单独存放，可在药品贮藏间的一角设置一个通风橱，以存放这些特殊药品和进行特殊操作。药品贮藏间内还可存放一些干燥、暂时不用或利用率较低的玻璃器皿或其他实验用品，如脱脂棉、滤纸、纱布等，这些物品应单独存放在一个橱子内或在药品橱内设置独立的隔层。

贮藏间内还应放一台大容量的电冰箱，其冷藏室要大，最好是分层抽屉式的，以便于分门别类地保存激素、抗生素和各种需低温保存的药品。

(2) 药品配制间

药品配制间主要用于配制各种母液，配制大量元素、微量元素、有机溶液、铁盐和各种激素、植物提取物等。面积为 $15m^2$ 左右。房间内设立一个实验台，实验台最好用抗盐酸台面，要牢固、平稳，具有较好的抗震性能，主要放置磁力搅拌器、电子天平等。台面不平稳，会导致天平称量不准确，给生产带来影响。实验台的抽屉内存放称量药品用的药匙、称量纸、毛刷、吸水纸等。毛刷用于及时清扫天平上和天平周围实验台上散落的药品，用于清扫天平的毛刷一定要柔软，且不易掉毛。擦拭药匙时宜选用柔软、纤维较长、质量较好的吸水纸，质量不好的吸水纸含尘量和含菌量都较高，可能会给实验带来影响。称量纸应用蜡光纸、硫酸纸或专用纸，不可随便找一些粗糙不干净的纸张，更不能用报纸代替。

(3) 玻璃器皿洗涤间

洗涤间用于完成玻璃器皿的清洗、干燥和贮存。房间大小在 $20m^2$ 左右。房间内应配备大型水槽,最好是白瓷水槽。为防止碰坏玻璃器皿,可铺垫橡胶。上下水道要畅通。需备周转箱,用于运输培养器皿。还需备干燥架,用于放置干燥洗净的培养器皿。

玻璃器皿如三角瓶、培养皿、量筒、烧杯等在生产中需求量很大,这些器皿的清洗、消毒、干燥、存放等需要一个比较固定、宽敞的区域,在该区域内要有自来水、各种水槽、水盆、摆放器皿的架子等,最好还有干燥箱。玻璃器皿应先用洗涤剂浸泡20min以上甚至过夜,再用毛刷逐个清洗。对一些受微生物污染的器皿,在清洗之前进行高温高压消毒处理,进行清洗时还应加入消毒液或次氯酸钙、次氯酸钠漂白液进行消毒。洗涤、消毒完成后,要用自来水彻底冲洗干净,用蒸馏水漂洗1次,倒置于架子上晾至没有流水时再转入干燥箱中,在80~140℃下烘烤20min以上。

(4) 培养基制作间

培养基制作间主要用于培养基的制作。制作间面积大约为30m^2。制作间内应有大型实验台,用于培养基制备、分装、绑扎等操作。

另外,配备常温冰箱、液化气炉灶、电炉、微量可调移液器、酸度计等,用于琼脂溶解、培养基酸碱度调节等。

培养基制作间最好配备防尘设备,保持清洁卫生,玻璃窗上装换气扇,在门口设缓冲区,尽量减少灰尘污染。在房间的一角装对外通风橱,以排放有毒、有害气流。

(5) 消毒灭菌操作间

消毒灭菌操作间主要用于培养基消毒灭菌,也用于污染瓶苗的消毒灭菌。面积30m^2左右。与培养基的制作间相邻,配制好的培养基和一些器皿需要尽快进行高温高压消毒灭菌,如果两者相距太远,会给工作带来诸多不便。消毒灭菌间可根据灭菌锅的多少配备专门的电源线路,因为电热灭菌锅耗电量大,普通的照明线不能承受。消毒灭菌锅的上方安装通风散热设施或排气扇。消毒灭菌间还要有存放培养基、培养器皿的架子,安装自来水装置等。消毒灭菌锅是一种高温高压容器,操作人员应经过一定的专业技术训练才能操作,且在操作过程中一定要认真、负责、细心,及时检查核对锅内的水位、压力表、放气阀、安全阀等,切勿违规操作。

(6) 试管苗无菌转接操作间

试管苗无菌转接操作间是对培养的植物材料进行无菌转接操作的场所,如材料的灭菌、接种,无菌材料的继代转接,丛生苗的增殖或切割嫩茎插植生根等。面积在40~50m^2。要求房间内干爽安静,清洁明亮,墙壁光滑平整,不易积染灰尘,地面平坦无缝,便于清洗和灭菌。最好用水磨石地面或水磨石砌块地面、白瓷砖墙面和防菌漆天花板等。门窗要密闭,一般用移动门窗。在无菌操作间与外界或其他房间衔接处,隔出一个小缓冲室,工作人员进入无菌操作间前需在缓冲室里换上无菌工作服、拖鞋、戴上口罩、防尘帽等。

无菌转接操作间内安装空气调节机(空调),使室内温度保持在25℃左右。温度过高,试管苗在切割转接过程中容易萎蔫;温度过低,试管苗不适应,容易受伤。操作间内安置超净工作台,超净工作台开机后,在操作区内,形成一定的风速,使操作区内形成暂时性无菌环境,在无菌环境中转接试管苗。工作台的数量应根据生产量来设计。

(7) 试管苗无菌培养间

无菌培养间是用于试管苗培养的场所(图1-1)。

试管苗无菌培养间的面积在100m²左右。最好与无菌操作间相邻，试管苗转接后能及时地运送到培养间培养。

试管苗无菌培养间要求房间内恒温、恒湿、无尘。温度常年维持在25℃左右，相对湿度应在70%～80%。培养室内有规律地安放培养架。无菌培养室内按空间的大小安装紫外灯，定时对整个房间进行杀菌处理。进入无菌培养间要穿消毒拖鞋或一次性消毒鞋套，避免带入菌体。非工作人员不能进入无菌培养间。

图1-1 试管苗无菌培养间

1.1.3 试管苗驯化移植大棚

试管苗进入大田栽培之前，必须在近似自然条件的环境中经一定时间锻炼，这种锻炼称为驯化移植，也称炼苗。试管苗经驯化移植后，大田栽培成活率高，生长旺盛而整齐。

驯化移植的条件越接近自然，驯化效果越好。北方（长江以北）通常在日光温室内对试管苗进行驯化移植。南方（长江以南）通常在连栋大棚内对试管苗进行驯化移植。

(1) 日光温室

日光温室在北方地区又称钢拱式日光温室、节能温室，主要利用太阳能作热源提高室内温度（图1-2）。这种温室跨度5～7m，中高2.4～3.0m，后墙厚50～80cm，用砖砌成，高1.6～2.0m，钢筋骨架，拱架为单片桁架，上弦为14～16mm的圆钢，下弦为12～14mm的圆钢，中间用8～10mm的钢筋作拉花，宽15～20cm。拱架上端搭中柱上，下端固定在前端水泥预埋基础上。拱架间用3道单片和架花梁横向拉接，以使整个骨架成为一个整体。温室后屋面可铺泡沫板和水泥板，抹草泥封盖防寒。后墙上每隔4～5m设通风口。

这种温室为永久性建筑，坚固耐用，采光性好，通风方便，易操作，但造价较高。适于草花、蔬菜以及木本植物的驯化移植。

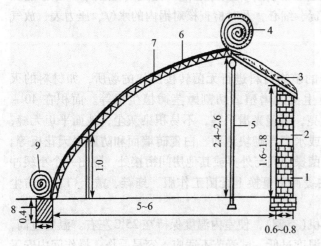

图1-2 全日光温室（单位：m）
1. 后墙 2. 通风口 3. 后屋面 4. 草苫
5. 中柱 6. 人字形拱架 7. 薄膜
8. 防寒沟 9. 纸被

(2) 智能型连栋式温室

智能型连栋式温室是由相等的双屋面或不等面温室借纵向侧柱或柱网连接起来，相互通连，可以连续搭接，形成室内串通的大型温室，又称现代化温室。每栋可达数千至上万平方米，框架采用镀铸钢材，屋面用铝合金材料作桁条，覆盖物可采用玻璃、玻璃钢、塑料板材或塑料薄膜。冬季通过热水、蒸汽或热风加温，夏季采用通风与遮阳相结合的方法降温。整栋温室的加温、通风、遮阳和降温等工作可全部或部分由电脑控制。这种温室层架结构简单，加温容易，湿度也易维持，便于机械化操作，有利于温室内环境的自动化控制，适于蝴蝶兰、大花蕙兰、石斛、国兰的试管苗驯化移植。

1.2 植物组织培养生产仪器设备配置

1.2.1 主要仪器设备

(1)超净工作台

超净工作台为植物组织培养上最常用、最普及的无菌操作装置。超净工作台有单人式、双人式，有开放式和密封式(图1-3)。

超净工作台工作效率高，预备时间短，开机20min以后上台操作。在工厂化生产中，接种工作量很大，超净工作台是很理想的设备，一般由三相电机作鼓风动力，功率145~260W左右，将空气通过特制的微孔泡沫塑料片层叠合组成的"超级滤清器"后吹送出来，形成连续不断的无尘无菌的超净空气流，即所谓"高效的特殊空气"，除去大于0.3μm的尘埃、真菌和细菌等。净空气的流速为24~30min，足够防止附近空气袭扰而引起的污染，这样的流速也不会妨碍采用酒精灯对器械进行灼烧消毒。工作人员在这样的无菌条件下操作，保持无菌材料在转移接种过程中不受污染。

超净工作台的工作原理是在特定的空间内，室内空气经预过滤器初滤，由小型离心风机压入静压箱，再经空气高效过滤器二次过滤，从空气高效过滤器出风面吹出的洁净气流具有一定的和均匀的断面风速，可以排除

图1-3 超净工作台

工作区原来的空气，将尘埃颗粒和生物颗粒带走，以形成无菌的高洁净的工作环境。因此超净工作台应放置在空气干净、地面无灰尘的地方，以延长使用期。使用过久，会引起过滤装置堵塞，需要清洗和更换。

(2)空调机(空气调节器)

用于试管苗培养间和试管苗无菌转接操作间。室温一般要求常年保持在25℃±2℃。

(3)除湿机

空气湿度要求恒定，一般保持70%~80%。当空气湿度过高时，可采用小型室内除湿机除湿；当湿度过低时，可采用喷水来增湿。

(4)恒温培养箱

用于植物特殊培养。恒温箱内装上日光灯，可进行温度和光照实验。

(5)干燥箱

用80~100℃的温度，迅速干燥洗净的玻璃器皿。也可以用160~180℃的温度，进行1~3h高温干热灭菌。

(6) 高压蒸汽灭菌锅

高压蒸汽灭菌锅(图1-4)用于培养基器械等的消毒灭菌,有大型卧式、中型立式和小型手提式等多种,可根据生产量选用。生产量大的选用大型卧式消毒灭菌锅,一次消毒培养基20kg,工作效率高。小型手提式消毒灭菌锅使用方便灵活,用于无菌操作转接试管苗工具的消毒灭菌。

高压蒸汽灭菌锅是一种密闭性良好又可承受高压的金属锅,其上有显示灭菌锅内压力和温度的压力表。灭菌锅上还有排气阀和安全阀。

(7) 冰箱

有普通冰箱、低温冰箱等,用于在常温下易变性或失效的试剂和母液的贮藏、细胞组织和实验材料的冷冻保藏,以及某些材料的预处理。

图1-4 高压蒸汽灭菌锅

(8) 天平

感量为0.0001g的分析天平:用于称量微量元素、植物激素以及微量附加物等。

感量为0.1g的托盘天平:用于称量大量元素、蔗糖和琼脂等。

(9) 显微镜

显微镜包括双目显微镜(解剖镜)、生物显微镜、倒置显微镜和电子显微镜,用于进行培养时期的观察、分析。

(10) 水浴锅

水浴锅用于溶解难溶药品、熔化琼脂条和保温。

(11) 摇床与转床

在液体培养中,为了改善浸于液体培养基中的培养材料的通气状况,可用摇床(振荡培养机)来振动培养容器。转床(旋转培养机)也用于液体培养。

(12) 酸度计

用于调节培养基和酶制剂的pH值。常用半导体小型酸度测定仪,也可用精密的pH 5.4~7.0 试纸。

1.2.2 小型设备及器皿

(1) 试管苗培养瓶

用于试管苗培养的器皿或培养瓶。要求透光度好,能耐高压灭菌。主要有试管、三角瓶、L形管和T形管、培养皿、果酱瓶、兰花瓶、塑料瓶等。

(2) 分注器

分注器可以把配制好的培养基按一定量注入培养器皿中。也可用不锈钢锅和橡皮管来代替,但需经过反复训练,才能准确分装。

(3) 移液管

在配制培养基时,生长调节物质和微量元素用量很少,只有用相应刻度的移液管才能准确量取。不同种类的生长调节物质,不能混淆,要求专管专用。常用的移液管容量有0.1mL、0.2mL、0.5mL、1mL、2mL、5mL、10mL等。

(4) 细菌过滤器

对不能高温灭菌的药液进行灭菌。

(5) 玻璃器皿

主要是量筒、量杯、烧杯、吸管、滴管、容量瓶、称量瓶、试剂瓶、玻璃缸、玻璃瓶、酒精灯等各种化学实验器皿，用于配制培养基、贮藏母液、材料灭菌等。

1.2.3 金属器械用具

(1) 镊子（图1-5）

镊子用于接种和转移植物材料。

(2) 剪刀

常用的有解剖剪和弯头剪，一般用于转移植株。

(3) 解剖刀

常用的解剖刀有长柄和短柄两种，用于培养材料的解剖。

图1-5 镊 子

(4) 接种工具

包括接种针、接种钩及接种铲，由白金丝或镰丝制成，用于接种花药或转移植物组织。

(5) 钻孔器

用于取肉质茎、块茎、肉质根内部的组织时使用。钻孔器一般是T形，口径有各种规格。

1.2.4 其他用具

电炉、微波炉、大型塑料桶、搪瓷盘（接种盘）或塑料框等。

→拓展知识

植物组织培养（plant tissue culture）技术也称为植物克隆，是20世纪兴起的一项植物细胞工程技术。它的基本内容是：从外界植物体上取下任意的一个到几个细胞或者一块组织在全人工的离体条件下进行培养，经过细胞或者组织的分裂、分化及几何增殖达到植株的形态重建和快速繁殖的目的。

植物组织培养的成功与否取决于外植体的制备、无菌操作和人工培养环境。外植体的制备是建立离体繁殖培养体系的首要环节。制备外植体的原则是无菌和有活性，无菌是外植体制备的关键，有杂菌带入培养基会造成微生物污染，而阻滞甚至杀死外植体。有活性是外植体制备的前提，无活性的外植体的培养在植物组织培养中是无意义的。无菌操作是贯穿于整个组织培养过程的一门关键技术，甚至可以说组织培养的前提就是无菌。事实上外植体的制备过程就是无菌处理过程，而其后的一系列操作都是在无菌环境下进行的。人工培养环境是整个组织培养的难点和重点，也是近百年来植物生理学家一直探讨和研究的重要课题。人工培养环境包括光照、温度、湿度、培养基等。植物激素，是植物组织培养中发挥生物学效力最强的培养因素，几乎所有的植物组织培养工作者都认同植物激素在组织培养中具有无可动摇的核心地位。植物激素包括五大类：生长素类、细胞分裂素类、赤霉素、乙烯类和生长抑制素类。在植物组织培养中最常用的是生长素和细胞分裂素。

当应用组织培养技术建成了某种植物的整体形态，即得到了有茎、根、叶的苗子，要经历一定的炼苗处理，使之逐步由无菌环境到有菌环境，由人工培养环境过渡到自然环境。习惯上是采用"过渡处理法"，即逐渐地使环境改变，如出瓶苗要使用消毒的土壤、保湿、保温，同时还要做一定的壮苗处理，如增加光照和补充营养液等。经过一系列的处理，一株组织培养出来的"克隆苗"就顺利成活了。

任务 2
组培基本技能操作

➡ 任务目标
掌握组织培养培养基配方的组成，理解组织培养无菌操作要求。掌握培养基母液的配制技术，掌握培养基配制与高压灭菌操作，掌握组织培养灭菌技术，掌握无菌接种操作技术。

➡ 任务描述
组培基本技能操作是指完成一个完整的组织培养操作流程所应具备的基本知识和基本技能，包括组织培养生产接种室、缓冲室和培养室的清洗和灭菌技术（含日常消毒和周期性熏蒸消毒两项）、培养基母液的配制与保存、培养基配制与灭菌操作、接种器械的灭菌与保存、外植体的选择与消毒技术和无菌接种操作技术等项目内容。

➡ 任务实施

1. 任务分析

培养基配方是由多种化学成分和营养物质组成的，如果每配制一次即进行多次称量（不少成分用量较微），不仅会造成较大的误差，而且会增加工作量。将培养基配方中的各种成分，按分类配成一定浓度的浓缩液，即培养基母液。这样每次使用时，取其总量的 1/20（50mL）或 1/200（5mL），加水稀释，即可制成培养基。

配制母液有两个好处：可减少每次配制称量药品的麻烦；减少极微量药品在每次称量时造成的误差。以 MS 培养基配制为例，一般需准备 4 种母液：

（1）大量元素母液

可配成 10 倍母液，用时每配 1000mL 培养基取 100mL 母液。

（2）微量元素母液

因含量低，一般配成 100 倍甚至 1000 倍，每配 1000mL 培养基取 10mL 或 1mL。

（3）铁盐母液

必须单独配制，若与其他元素混合易造成沉淀。一般采用螯合铁，即硫酸亚铁与 EDTA 钠盐的混合物。一般扩大 200 倍，每配 1000mL 培养基取 5mL。使用螯合铁的目的是为了避免沉淀，缓慢不断地供应铁。

（4）有机化合物母液

主要是维生素和氨基酸类物质，一般配成 100 倍甚至 1000 倍，每配 1000mL 培养基取 10mL 或 1mL。

（5）植物激素

每种激素必须单独配成母液，其浓度为 0.1mg/mL、0.5mg/mL 或 1.0mg/mL，多数激素难溶于水，配法如下：

IAA、IBA、GA₃先溶于少量乙醇，再加水定容至一定刻度；

NAA可溶于热水或少量乙醇中，再加水定容至一定刻度；

2,4-D不溶于水，可用1mol/L的NaOH溶解后再定容；

KT和BA先溶于少量1mol/L HCl中，再加水定容；

玉米素先溶于少量95%乙醇中，再加水定容。

2. 材料与用具

各种精度的电子天平、大量元素、微量元素、铁盐、有机物质、植物激素、玻璃器皿、电炉等。

3. 方法与步骤

（1）MS大量元素母液的配制

配制时先用量筒量取蒸馏水大约800mL，放入1000mL的烧杯中，按照配方表中用量依次分别称取：NH₄NO₃、KNO₃、KH₂PO₄、MgSO₄·7H₂O、CaCl₂·2H₂O，待第一种化合物溶解后再加入第二种化合物，当最后一种化合物完全溶解后，将溶液倒入1000mL的容量瓶中，用蒸馏水定容至1000mL，然后倒入细口试剂瓶中，贴上标签，注明母液名称、配制日期、配制人姓名，置于4℃冰箱中保存备用。

（2）MS微量元素母液的配制

按照配方表中用量用电子天平分别依次称取MnSO₄·4H₂O，ZnSO₄·7H₂O，H₃BO₃，KI，NaMoO₄·2H₂O，CuSO₄·5H₂O，CoCl₂·6H₂O，用蒸馏水逐个溶解，待全部溶解后，用容量瓶定容，装入1000mL细口试剂瓶中，贴上标签，注明母液名称、配制日期、配制人姓名，置于4℃冰箱中保存备用。

（3）MS铁盐母液配制

把FeSO₄·7H₂O和Na₂-EDTA·2H₂O分别置于400mL蒸馏水中，加热并不断搅拌使之溶解，然后将2种溶液混合，把pH值调到5.5，加蒸馏水到最终容积1000mL，置于棕色细口瓶中，用力振荡1～2min，在室温下避光保存一段时间令其充分反应后，贴上标签，注明母液名称、配制日期、配制人姓名，置于4℃冰箱中保存备用。

（4）MS有机化合物母液的配制

按配方表中用量依次称取：维生素B₁、烟酸、甘氨酸、维生素B₆，用蒸馏水依次溶解并定容后，装入1000mL细口试剂瓶中，贴上标签，注明母液名称、配制日期、配制人姓名，置于4℃冰箱中保存备用。

（5）植物生长物质母液的配制

NAA母液：准确称量后先用少量（1～3mL）95%乙醇完全溶解后，加蒸馏水定容至100mL，转入细口试剂瓶中，贴上标签，注明母液名称、浓度、配制日期、配制人姓名，置于4℃冰箱中保存备用。

→任务提交

1. 提交学生工作页；
2. 提交配制好完整的MS培养基母液及相应培养基。

→相关知识

2.1 常用培养基的配方

培养基是植物组织培养核心，培养基的成分及其用量直接关系到外植体的生长与分化，因此掌握培养基的成分及其配制技术至关重要。自然状态下生长的绿色植物由于自身能进行光合作用，并且能合成植物生长发育所需的几乎所有有机成分，加上土壤中含有较全面的无机和有机营养成分，所以只需在适当的时候施加少量的无机和有机肥（复合成分），植物就能生长良好。但是，在进行植物组培快繁时，只是切取植物体的一小部分，它们无法自身合成生长发育所需要的全部物质，必须由培养基供给营养。

组培快繁生产中常用的培养基主要有 MS、White、N_6、B_5、SH、ML 等，其配方见表 2-1。

表 2-1 主要培养基成分　　　　　　　　　　　　　　　　　　　　mg/L

培养基成分	MS (1962)	B_5 (1968)	White (1943)	H (1967)	Nitsch (1963)	Mliller (1967)	N_6 (1974)	SH (1972)
$(NH_4)_2SO_4$		134					463	
NH_4NO_3	1650			720	725	1000		
KNO_3	1900	2500	80	950	925	1000	2830	2500
$NaNO_3$								
$Ca(NO_3)_2 \cdot 4H_2O$			200		500	347		
$CaCl_2 \cdot 2H_2O$	440	150		166		166		200
$MgSO_4 \cdot 7H_2O$	370	250	720	185	125	35	185	400
KH_2PO_4	170			68	88	300	400	
$NaH_2PO_4 \cdot H_2O$		150	17					
Na_2SO_4			200					
Na_2-EDTA	37.3	37.3		37.3	37.3		37.3	15
NaFe-EDTA						32		
$FeCb \cdot 6H_2O$								
$FeSO_4 \cdot 7H_2O$	27.8	27.8		27.8	27.8		27.8	20
$Fe_2(SO_4)_3$			2.5					
KCl			65			65		
柠檬酸铁					10			
$NH_4H_2PO_4$								300
$MnSO_4 \cdot H_2O$								10
$MnSO_4 \cdot 4H_2O$	22.3	10	5	25	25	4.4	4.4	
$ZnSO_4 \cdot 7H_2O$	8.6	2.0	3	10	10	1.5	3.8	1.0
H_3BO_3	6.2	3.0	1.5	10	10	1.6	1.6	5.0
KI	0.83	0.75	0.75		0.75	0.8	0.8	1.0
$Na_2MoO_4 \cdot 2H_2O$	0.25	0.25		0.25	0.25			0.1
MoO_3			0.001					
$CuSO_4 \cdot 5H_2O$	0.025	0.025	0.01	0.25	0.025			0.2
$CoCl_2 \cdot 6H_2O$	0.025	0.025						0.1
$NiCl_2 \cdot 6H_2O$						0.35		
叶酸				0.5				
生物素				0.05				
盐酸硫胺素	0.1	10	0.1	0.5	0.25	0.1	1	5.0
烟酸	0.5	1.0	0.3	5.0	1.25	0.5	0.5	5.0
盐酸吡哆醇	0.5	1.0	0.1	0.5	0.25	0.1	0.5	5.0

（续）

培养基成分	MS (1962)	B₅ (1968)	White (1943)	H (1967)	Nitsch (1963)	Mliller (1967)	N₆ (1974)	SH (1972)
肌醇	100	100		100				1000
甘氨酸	2.0		3	2	7.5		2	
蔗糖(g/L)	30	20	20	20	20	30	50	30
琼脂(g/L)	6.5	6.5	6.5	6.5	6.5	6.5	6.5	
pH	5.8	5.5	5.6	5.5	6.0	6.0	5.8	5.8

一个完整的组织培养培养基配方包括无机盐类、维生素类、氨基酸、有机附加物、植物生长调节物质、糖类、水和琼脂等。

(1) 无机盐类

无机营养分为大量元素和微量元素。

①大量元素 植物所需浓度大于 0.5mmol/L 的元素称为大量元素，主要有氧(O)、碳(C)、氢(H)、氮(N)、钾(K)、磷(P)、镁(Mg)、硫(S)和钙(Ca)等。

②微量元素 植物所需浓度小于 0.5mmol/L 的元素称为微量元素，主要有铁(Fe)、铜(Cu)、锌(Zn)、锰(Mn)、硼(B)、碘(I)、钴(Co)、氯(Cl)、钠(Na)等。

这两大类元素在培养基中的含量虽然相差悬殊，但都是离体组织生长和发育必不可少的基本的营养成分。含量不足就会造成缺素症。

(2) 氨基酸

氨基酸是蛋白质的组成成分，也是一种有机氮化合物。常用的氨基酸有甘氨酸、谷氨酸、精氨酸、丝氨酸、丙氨酸、半胱氨酸以及多种氨基酸的混合物(如水解酪蛋白、水解乳蛋白)等。

(3) 有机附加物

有机附加物包括有些成分尚不清楚的天然提取物，如椰乳、香蕉汁、苹果汁、土豆泥、番茄汁、酵母提取液、麦芽糖等。

(4) 维生素类

维生素能明显地促进离体组织的生长。培养基中的维生素主要是 B 族维生素，如盐酸硫胺素(维生素 B_1)、盐酸吡哆醇(维生素 B_6)、烟酸(维生素 B_3，又称维生素 PP)、泛酸(维生素 B_5)、生物素(维生素 H)、钴胺素(维生素 B_{12})、叶酸(维生素 B_{11})，还有抗坏血酸(维生素 C 等)。

(5) 糖类

糖类在植物组织培养中作为离体组织生长的碳源，还能使培养基维持一定的渗透压(一般在 1.5~4.1MPa)。

最常用的碳源是蔗糖，葡萄糖和果糖也是较好的碳源，可支持许多组织良好生长。麦芽糖、半乳糖、甘露糖和乳糖在组织培养中也有应用。蔗糖使用浓度为 2%~3%，常用 3%，即配制 1L 培养基称取 30g 蔗糖，但在胚培养时采用 4%~15% 的高浓度，蔗糖对胚状体的发育起重要作用。不同糖类对生长的影响不同。从各种糖对水稻根培养的影响来看，葡萄糖效果最好，果糖和蔗糖相当，麦芽糖较差。在大规模生产时，可用食用白糖代替。

(6)水

水是植物原生质体的组成成分,也是一切代谢过程的介质和溶剂。水是生命活动过程中不可缺少的物质。配制培养基母液时要用蒸馏水,以保持母液及培养基成分的精确性。大规模生产时可用自来水。

(7)琼脂

用于固体培养的凝固剂和支持物。琼脂是一种从海藻中提取的高分子碳水化合物,本身并不提供任何营养。

(8)植物生长调节物质

植物生长调节物质对愈伤组织的诱导、器官分化及植株再生具有重要的作用,主要包括生长素类、细胞分裂素类和赤霉素类等。

(9)活性炭

培养基中加入活性炭的目的主要是利用其吸附能力,减少有害物质的影响,活性炭对形态发生和器官形成有良好的效应。在培养基中加入0.3%活性炭,还可降低玻璃苗的产生频率,对防止产生玻璃苗有良好作用。

(10)抗生素

抗生素有青霉素、链霉素、庆大霉素等,用量为 5~20mg/L。添加抗生素可防止菌类污染,减少培养过程中材料的损失,尤其是快速繁殖中常因污染而丢弃成百上千瓶组培苗,应用抗生素可节约人力、物力和时间。

2.2 培养基母液的配制

生产中常用的培养基,可先将各种药品配成浓缩一定倍数的母液(表2-2),放入冰箱内保存,使用时再按比例稀释。母液要根据药剂的化学性质分别配制。一般配成大量元素、微量元素、铁盐、维生素、氨基酸等母液,其中维生素、氨基酸类可以分别配制,也可以混在一起。

(1)大量元素母液

可配成浓度10倍的母液。用分析天平称取药品,依次加入 600~700mL 蒸馏水中,再用磁力搅拌器搅拌,为防止产生沉淀,待第一种药品完全溶解,再加入第二种药品。最后倒入 1000mL 容量瓶中,加水定容至刻度,成为10倍母液。也可以把药品用适量水分别充分溶解,然后再按一定顺序混合,最后定容。配制母液时应注意:分别称量;充分溶解;注意混合秩序:Ca^{2+} 应最后加入,与 SO_4^{2-} 和 HPO_4^{2-} 错开,以免产生沉淀;混合时要缓慢,边搅拌边混合。

(2)微量元素母液

可配成浓度100倍的母液。用分析天平按表2-2准确称取药品后,分别溶解,混合后加水定容至 1000mL。

(3)铁盐母液

可配成100倍的母液。按表2-2称取药品,溶解、混合后加水定容至 1000mL。EDTA钠盐需用温水溶解,然后将 $FeSO_4$ 溶液缓慢地倒入 EDTA 钠盐溶液中,边混合边搅拌,使其充分螯合,放置在室温环境下一段时间使其充分反应,待冷却后再转入到冰箱中冷藏。

表 2-2 MS 培养基母液配制

母液种类	成分	规定量/(mg/L)	扩大倍数	称取量/(mg/L)	母液体积/mL	吸取量/(mg/L)
大量元素	KNO_3	1900	10	19000	1000	100
	NH_4NO_3	650	10	16500		
	$MgSO_4 \cdot 7H_2O$	370	10	3700		
	KH_2PO_4	170	10	1700		
	$CaCl_2 \cdot 2H_2O$	440	10	4400		
微量元素	$MnSO_4 \cdot 4H_2O$	22.3	100	2230	1000	10
	$ZnSO_4 \cdot 7H_2O$	8.6	100	860		
	H_3BO_3	6.2	100	620		
	KI	0.83	100	83		
	$Na_2MoO_4 \cdot 2H_2O$	0.25	100	25		
	$CuSO_4 \cdot 5H_2O$	0.025	100	2.5		
	$CoCl_2 \cdot 6H_2O$	0.025	100	2.5		
铁盐	Na_2-EDTA	37.3	100	3730	1000	10
	$FeSO_4 \cdot 7H_2O$	27.8	100	2780		
有机物质	甘氨酸	2.0	100	100	500	10
	盐酸硫胺素	0.1	100	5		
	盐酸吡哆醇	0.5	100	25		
	烟酸	0.5	100	25		
	肌醇	100	100	5000		

如果新配置的溶液立即放入冰箱中，则会形成沉淀。

(4) 有机物母液

可配成 100 倍的母液。按表 2-2 分别称取药品，溶解、混合后加水定容至 500mL。

(5) 激素母液

每种激素必须单独配成母液，浓度一般配成 0.5～1mg/mL。使用时根据需要取用。因为激素用量较少，一次可配成 50mL 或 100mL。多数激素难溶于水，要先溶于可溶物质，然后加水定容。将 IAA、IBA、GA_3 等先溶于少量的 95% 乙醇中，再加水定容。NAA 可先溶于少量的 95% 乙醇中，再逐渐加热水稀释，最后定容。2,4-D 可先溶于热水中，再加水定容。

将 KT 和 6-BA 先溶于少量 1mol/L HCl 中，再加水定容。将玉米素 (ZT) 先溶于少量的 95% 乙醇中，再加热水定容。

配制好的母液放入冰箱内 (0～5℃) 保存。母液瓶上应分别贴上标签，注明母液名称、配制倍数和日期等。

2.3 培养基的制作

(1) 准备工作

进行培养基制作前,将所需要的各种玻璃器皿、量筒、烧杯、吸管、玻璃棒、漏斗等放在指定的位置。称量琼脂、蔗糖,配好需用的生长调节物质。准备好重蒸馏水以及瓶盖、棉塞、封口材料、线绳等。由于琼脂较难溶解,要及早加热。

(2) 培养基制作

先取适量的蒸馏水放入容器,然后按表2-2用量筒量取大量元素母液100mL,用专用移液管分别吸取微量元素母液10mL、铁盐母液10mL、有机物母液10mL,均置入1000mL定容瓶中,即为MS培养基,再按配方移取激素母液即可。加完后倒入已溶化的琼脂中,再放入蔗糖,待蔗糖溶解,定容至1L,随即用1mol/L NaOH和1mol/L HCl根据需要调节pH值,然后分装到培养瓶中。培养基的pH值因培养材料的来源不同而异,大多数植物都要求在pH5.6~5.8的条件下进行组织培养。培养基的制作过程见图2-1。

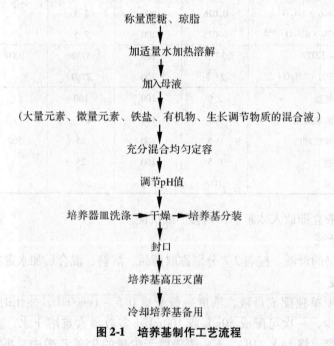

图2-1 培养基制作工艺流程

(3) 培养基的分装

配制好的培养基要趁热分装,琼脂约在40℃时凝固,所以有充足的时间进行分装。分装的方法有虹吸式分注法、滴管法及用烧杯通过漏斗直接进行分注等。分装时要掌握好分注量。过多既浪费培养基,又缩小了培养材料的生长空间;过少又会因营养不良影响生长。一般占试管、三角烧瓶等培养容器的1/5~1/3为宜;若用塑料瓶、兰花瓶,培养基的厚度为1.5~2.0cm。分装时要注意勿将培养基沾到瓶壁上,以免引起污染,分装后立即塞上棉塞、加上盖子、封上封口膜或玻璃纸,有不同的处理还要及时做好标记。

由于未经灭菌处理的培养基带有各种杂菌,适宜植物组织和细胞生长的培养基也是各种杂菌良好的生长繁殖场所,因此分装后应立即灭菌,若因故不能及时灭菌,最好放入冰箱中保存，在24h内完成灭菌工作。

(4) 培养基消毒灭菌

培养基采用湿热消毒灭菌法，即把包扎好的培养瓶放入高压灭菌锅中，盖好锅盖，进行高温高压灭菌。灭菌前一定要在高压灭菌锅内加水。在增压前将灭菌锅内的冷空气放尽，以使蒸汽能达到各个消毒部位，保证灭菌彻底。加温前打开放气阀，煮沸15min后再关闭或等大量热蒸汽排出后再关闭；也可以先关闭放气阀，待压力达到0.05MPa时，开启排气阀，将内部的冷空气排出，压力升至0.11MPa（温度121℃）时，保持15~25min，即可达到消毒灭菌的目的。消毒时间不宜过长，也不能超过规定的压力范围，否则糖、有机物质特别是维生素类物质就会分解，使培养基变色，甚至难以凝固。灭菌后，切断电源或热源，使灭菌锅内的压力慢慢下降，灭菌锅内压力接近0时，方可打开放气阀，排出剩余蒸汽，再打开灭菌锅盖取出培养基。切不可因为急于取出培养基而打开放气阀放气，使压力降低太快，引起减压沸腾，使容器中的液体溢出，造成浪费或污染。在培养基灭菌的同时，蒸馏水和一些用具也可同时进行灭菌。

有些生长调节物质，如吲哚乙酸、玉米素及某些维生素等调热不稳定，因此不能进行高压灭菌，而需用过滤方法灭菌。过滤灭菌采用减压过滤装置，它主要由过滤器和抽气系统两部分构成。用弹性夹钳将两部分结合起来，用真空泵或电动吸引器使液体从漏斗经滤膜流到抽滤瓶中。所用器皿事先均应灭菌。经过滤灭菌的溶液，可在培养基温度下降到大约40℃时加入已高压灭菌的培养基中。

(5) 培养基冷却凝固

培养基灭菌后取出让其凝固，大多要求保持平面，故应直立放置。有的试管为扩大培养面积，要求保持斜面，故斜放使培养基冷却凝固成斜面。以后将培养基放到培养室中预培养3d，若没有污染，则证明是可靠的，可以使用。暂时不用的培养基最好置于10℃下保存，含有生长调节物质的培养基在4~5℃低温下保存更理想。含吲哚乙酸或赤霉素的培养基应在配制1周内使用，其他培养基最长也不能超过1个月。一般情况下，2周内应用完，以免干燥变质。

2.4 环境灭菌操作

(1) 无菌接种室的灭菌

无菌接种室也称无菌转接操作间，是植物组织培养最为核心的分室，它的环境洁净水平直接影响着组培污染的程度。因此，在做好无菌操作间空间密闭的基础上，要定期地对室内环境进行灭菌，提高空间的洁净水平。

无菌操作间在设计时应当在房间内的适当位置处安装紫外灯，使每个方位都能得到消毒灭菌，每天进行紫外线消毒。除此之外，每天用"84"消毒液或新洁尔灭溶液交叉进行地面消毒。定期用70%乙醇喷雾降尘和消毒。同时，每半年用甲醛和高锰酸钾混合熏蒸。超净工作台在使用一段时间后须进行严格消毒，定期更换过滤装置，将操作区内落菌数降到最低限度。

(2) 无菌培养室的灭菌

无菌培养室是用于试管苗培养的场所。试管苗无菌培养间的面积在100m²左右。最好与无菌操作间相邻，试管苗转接后能及时地运送到培养间培养。

试管苗无菌培养间要求房间内恒温、恒湿、无尘。温度常年维持在25℃左右，相对湿度应在70%~80%。培养室内有规律地安放培养架。无菌培养室内按空间的大小安装紫外灯，定时对整个房间进行杀菌处理。进入无菌培养室要穿消毒拖鞋或一次性消毒鞋套，避免带入菌体。非工作人员不能进入无菌培养间。除此之外，定时用"84"消毒液进行地面消毒，并用甲醛和高锰酸钾熏蒸或用70%乙醇喷雾降尘和消毒。

项目 2
植物组培快繁

任务 3　初代培养
任务 4　继代培养和生根培养
任务 5　组培苗炼苗移栽
任务 6　组培生产常见问题及控制

知识目标
1. 理解植物工厂化育苗生产流程。
2. 掌握初代培养、继代培养和生根培养技术要点。
3. 掌握组培苗移栽管理技术要点。
4. 理解污染、褐化、玻璃化发生的机理与原因。

技能目标
1. 能掌握初代培养、继代培养和生根培养技术。
2. 能掌握组培苗移栽管理技术。
3. 能掌握组培苗污染的预防措施。
4. 能理解组培苗褐化的预防措施。
5. 能理解组培苗玻璃化的预防措施。

任务 3
初代培养

→ **任务目标**

掌握外植体的选择与灭菌操作技术；掌握外植体的无菌接种技术。

→ **任务描述**

初代培养是外植体材料经过清洗、灭菌后，在无菌环境下，经过一段时间诱导培养后，外植体萌发或者脱分化获得无菌材料的一个工作任务。本工作任务主要解决两个问题：外植体从有菌变为无菌，外植体萌发或者脱分化形成愈伤组织。

→ **任务实施**

1. 任务分析

初代培养的操作过程，包括正确选择外植体材料，并进行预处理；在无菌条件下，外植体经过严格灭菌后，接种到适宜的培养基上，获得无菌材料，进一步培养逐步促进外植体材料的分化和生长。

2. 材料与用具

超净工作台、70%~75%乙醇、90%乙醇、饱和漂白粉、无菌水、培养基（已灭菌）、毛刷、洗衣粉、剪刀、镊子、培养皿、烧杯、高压灭菌锅、酒精灯或干热灭菌器、脱脂棉、无菌杯、无菌滤纸、烧杯、喷壶、记号笔等。

3. 方法与步骤

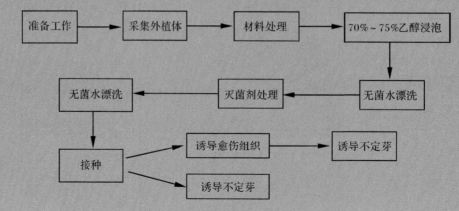

(1) 准备工作

先将接种用具、培养基、工作服、口罩等进行高温湿热灭菌；用70%~75%乙醇对无菌操作室进行喷雾灭菌，再打开紫外灯照射，同时开启超净工作台风机及紫外灯；20min后关闭紫外灯，工作人员更换灭菌的工作服、帽子、口罩、拖鞋等进入无菌操作室，用70%~75%乙醇擦拭台面、双手，将所有用具放入超净工作台内，准备进行外植体灭菌。

(2) 外植体取材与灭菌

①取材　切取×××植物的幼叶或细嫩茎段为外植体。

②预处理　将叶片或茎段用毛刷在自来水下轻轻刷洗，再蘸洗衣粉水清洗，以去除外植体表面的灰尘及杂物，然后在流水下冲洗30min，置于烧杯中备用。

③表面灭菌　在超净工作台中，将处理好的叶片或茎段放入无菌杯中，用70%~75%乙醇消毒0.2~2min，并不断摇动，无菌水清洗3次，然后在饱和漂白粉溶液中浸泡10~20min或在0.1%氯化汞溶液中浸泡2~15min，无菌水清洗3次，用无菌滤纸吸干外植体表面水分，用锋利无菌剪刀将叶片切成2cm×2cm的小块，茎段切成1.5~2cm长的节段备用。

④清理台面　将灭菌的外植体留在超净工作台内，其余物品全部取出，清洗干净，做到物归原位。注意保持外植体无菌。

(3) 无菌接种

①用70%~75%酒精棉球擦拭双手、超净工作台面。

②用70%~75%乙醇擦拭培养瓶、酒精灯，或将装有接种工具、培养皿的包裹用70%~75%乙醇喷雾灭菌，摆放进超净工作台内。

③点燃酒精灯，在火焰周围轻轻打开包裹，取出经高压灭菌的培养皿、剪刀、镊子，合理摆放，避免操作中的动作交叉带来污染。

④在酒精灯火焰附近，轻轻取下培养瓶瓶盖。将瓶口在酒精灯火焰处灼烧，保持培养瓶倾斜与水平面成45°，用镊子小心夹取一个叶片或茎段，立即放入培养基中。叶背贴着培养基，茎段的上端向上放置；然后立即在酒精灯火焰上灼烧培养瓶瓶口数秒后，迅速盖好瓶盖。

⑤以此类推，接种数瓶后，将镊子、剪刀插入干热灭菌器或在酒精灯上灼烧进行灭菌，经充分冷却后继续进行接种。

⑥接种完毕后，在瓶壁上用记号笔做好标记，注明材料种类、接种日期等。

⑦清理超净工作台，及时关闭超净工作台电源。

(4) 培养

将×××植物初代培养物置于培养温度为 (25 ± 1)℃，光照强度1000~5000lx，光照时间10~16h/d的培养室内进行培养。

→ 任务提交

1. 提交学生工作页；
2. 提交×××植物叶片或茎段初代培养实训报告。

→ 相关知识

初代培养是植物组织培养的启动阶段，是整个培养过程的基础和关键环节。这个阶段的目的是建立离体培养体系，即获得无菌材料和无性繁殖体系。植物离体培养体系的建立，不仅与培养基、培养条件有关，还会受到外植体材料的影响。外植体的选择、灭菌处理、无菌操作会直接关系着植物组织培养的难易程度，甚至成败。

3.1　外植体的选择

外植体是指从植物体上切取下来、用于植物组织培养的各种植物器官、组织和细胞等初始材料。如茎尖、茎段、块茎、球茎、叶片、叶柄、根、种子、胚、胚乳、胚轴、表皮、皮层、子叶、花瓣、花粉等均为外植体。

根据植物细胞全能性学说，每个拥有完整细胞核的植物细胞都具有发育为一个完整个体的潜在能力，都能再生形成一个新植株。但是，事实上，不同植物、同一植物不同器官、不同发育阶段的同一器官，其脱分化、再分化能力或对诱导条件的反应敏感程度都是有差异的，组织培养的难易程度也不尽相同。因此，选择外植体时需要考虑以下几个因素：

(1) 优良、健壮的母本

以遗传性状优良的植株作母本，容易保持植株的遗传稳定性，组培苗品质有保障，其商品价值也会维持在较高水平。一般来说，生长健壮、无病虫害的外植体，代谢旺盛、再生能力强，比较容易诱导。

(2) 生理状态和发育年龄

同一植物的不同器官，同一器官的不同部位都具有不同的生理年龄。沿主轴越向上的部分其生理年龄越老，越接近发育上的成熟，也越容易形成花器官；反之，越向下，生理年龄越小，越易形成芽。

幼嫩、生长年限短的器官或组织，比年老的具有较高的分生及形态建成能力，尤其是木本植物，以幼龄树的春梢、嫩芽、嫩枝作外植体材料，分生能力强，形态建成快。

(3) 取材部位

确定取材部位时，需要考虑三方面的影响：一是材料来源是否充足；二是诱导成苗的成功率；三是再生途径的性状稳定性，是否会引起变异导致原有的优良性状丧失。

对于大多数植物，茎尖是最常用的外植体，其分生能力强，生长速度快，遗传稳定性好，而且茎尖培养是获得无毒苗的重要途径。茎尖中，一般顶芽生长势比侧芽旺盛，易成功。

有些分化的器官和组织包括茎段、叶片、叶柄、根、花瓣、花萼、块茎、鳞片、花粉等均可作为外植体材料。如叶片、叶柄来源丰富，取材容易，新生叶片杂菌少，易灭菌，是使用较多的外植体；植物的嫩茎脱分化和再分化能力较强，也是常用的组织培养材料。

由于胚带有极其幼嫩分生组织细胞，容易脱分化和再分化，是植物组织培养中可以利用的重要材料。但是以胚为外植体材料，组织培养获得的后代，其遗传特性不清楚，且试管苗纤弱，适应能力差。对于松柏类木本植物进行组培时，分化增殖都很慢，而通过胚培养获得试管苗后再进行快速繁殖，会有效提高增殖速度。

(4) 取材季节

一般来说，在植物开始生长或生长旺盛期，植物体内激素含量较高，生长速度快，容易分化，此时取材，外植体成活率高，增殖率也高。在植物生长末期或休眠期，外植体对诱导条件反应不敏感或无反应，组织培养的难度大。如叶子花的腋芽培养，3~8月采集外植体，腋芽萌发的数目多，萌发速度快；而1~2月采集外植体，腋芽萌发迟缓。

(5) 材料大小

外植体取材的大小会因培养目的、植物种类或器官的不同而不同，但应当遵循两个根本原则：有利于诱导培养、易于消毒灭菌。外植体材料太大，灭菌难度大，污染率高；外植体材料太小，成活率低，诱导困难。

一般情况下，如果进行离体繁殖，外植体宜大。叶片、花瓣面积为 5mm×5mm，茎段带1~2个节、长度约为0.5~1.0cm,茎尖带1~2个叶原基、大小以0.2~0.5cm为宜。如果进行胚胎培养或脱毒培养,外植体宜小,茎尖以带1~2个叶原基、大小0.2~0.3cm为宜。

3.2 外植体灭菌

外植体材料表面都会带有很多微生物,这些微生物一旦接触培养基后,会大量繁殖,夺取营养并杀死植物材料,导致培养失败。因此,培养前必须进行外植体的表面灭菌,杀死其携带的各种微生物。

外植体必须采用化学灭菌剂进行严格灭菌。由于植物生长环境、取材部位、取材季节不同,外植体材料带菌程度也不同,而且材料对不同类型、不同浓度灭菌剂的敏感度也不一样。因此,灭菌剂种类、灭菌剂浓度及灭菌时间的长短应当视具体情况而定。

3.2.1 常用灭菌剂

目前可用于外植体材料表面灭菌的化学药剂很多,总体来讲,灭菌剂的使用应当同时满足以下三个要求:有良好的杀菌效果,能将植物表面的微生物杀死;对外植体材料没有损伤或只有轻微损伤;容易被清洗掉或能自行分解,无药剂残留。现在常用的表面灭菌剂见表3-1。

表3-1 常用灭菌剂的使用浓度、灭菌时间及灭菌效果比较

灭菌剂	使用浓度/%	灭菌时间/min	去除难度	效果	对植物毒害
升汞	0.1~0.2	2~10	较难	最好	剧毒
乙醇	70~75	0.2~2	易	好	有
次氯酸钠	2~10	5~30	易	很好	无
漂白粉	饱和溶液	5~30	易	很好	低毒
过氧化氢	10~20	5~15	最易	好	无
新洁尔灭	0.5	30	易	很好	很小
硝酸银	1	5~30	较难	好	低毒
抗菌素/(mg/L)	0.4~50	30~60	中	较好	低毒

3.2.2 外植体灭菌方法

不同的外植体,灭菌方法有所不同,但是灭菌的流程基本一致,具体过程如下:

(1)取材

依据外植体选择的要求,充分考虑母本的种质、生理状态和发育年龄、部位、取材季节和天气、材料大小等因素,结合生产实际需要,在保证外植体正常生长发育的前提下,尽可能减少材料的污染,如进行室内栽植或在田间对母本枝条套袋,以避免灰尘和病虫侵染,也可以待植株长出新枝条后再取材。

(2)预处理

去除外植体上不需要的部分。以茎尖或茎段为外植体时,剪去枝条上的叶片、刺等附属物;以根为外植体时,要将老根、烂根及损伤或污染较重的部分剪掉。

外植体必须清洗。用软毛刷或棉签轻轻地将外植体上附着的灰尘、杂物等污物在自来水下清洗干净,不要过分用力,以防碰伤外植体,如叶片、茎段;而芽的外面包被有鳞

片、茸毛等，冲洗后需要用镊子或解剖刀将外层包被物除去。再用饱和的洗衣粉水进行充分清洗。

(3) 流水冲洗

流水冲洗时间需要根据外植体的生长环境、污染程度及离体材料的特点而定，一般至少需要达到 30min 以上，而取自地下的材料、木本植物等灭菌较难的外植体应冲洗 2h 以上。对于较小的植物材料，可用纱布罩住容器口，以防外植体被水流冲走。

(4) 材料切分

将冲洗好的外植体按照要求切分成适宜的大小，放入无菌杯中。注意切分好的外植体需要根据其幼嫩程度、大小、粗细或厚薄等分成不同级别，并设计不同的灭菌方案（选择适宜的灭菌剂、使用浓度和灭菌时间）。

(5) 表面灭菌

在超净工作台内，将 70%～75% 乙醇倒入装有外植体的无菌杯中，浸没外植体材料，不停摇动无菌杯，以促进灭菌剂与外植体材料表面充分接触，0.2～2min 后，倒出乙醇；再倒入 0.1%～0.2% 升汞溶液灭菌 2～10min 或 2%～10% 次氯酸钠溶液浸泡 5～10min，可滴入 1～2 滴吐温-80，以加强灭菌效果；最后用无菌水漂洗 3～5 次，每次 3min。

操作中一定要遵守注意事项，确保灭菌过程严格、规范，尽可能减少人为因素引起的灭菌不彻底、不到位而造成灭菌失败。注意事项包括：

①灭菌时间计算应从倒入灭菌剂起始至倒出灭菌剂为止。

②灭菌剂、灭菌时间应视外植体材料的具体情况来定，如材料幼嫩灭菌时间要短一些，材料老灭菌时间可适当长一些，不可生搬硬套；灭菌的最佳效果应以最大限度地杀死材料上的微生物，而又对材料的损伤最小为好。

③茎段、叶片、果实和种子等外植体，可按常规方法进行表面灭菌处理；幼嫩的茎尖，可先取下较大的茎尖进行常规方法表面灭菌处理后，在无菌条件下于解剖镜下剥取出茎尖进行培养；而对于花药、子房、未成熟的种子、胚及茎尖等来自植物内部、有多层包被物的外植体，也可不经过表面灭菌，在无菌条件下直接剥取离后进行培养。

④无菌水漂洗次数应根据灭菌剂确定，因升汞为剧毒药品，且难以去除，使用后至少要清洗 5 次以上，其他灭菌剂清洗 3 次即可。

⑤灭菌过程中避免超净工作台内物品的相互接触，降低交叉污染的几率。

3.3 外植体接种

外植体接种，是指在无菌条件下，将经表面灭菌的植物材料进行切割或分离出器官、组织、细胞等，转入无菌培养基中的过程。整个接种过程要求用具、培养基、环境等都要求无菌，也称作无菌操作。

无菌操作的工序很多，包括一系列灭菌工作、材料切割、材料接种、封口等，各个环节均要求规范、准确、迅速。具体操作步骤如下：

3.3.1 准备工作

①用 70%～75% 乙醇或 0.2% 新洁尔灭溶液对无菌接种室空间、墙壁等喷雾灭菌，并起到降尘作用。

②打开超净工作台风机，并进行紫外灯照射灭菌 20min。

③操作人员用肥皂洗净双手,在缓冲间更换工作服、拖鞋,戴上口罩后进入无菌接种室。

④用70%~75%乙醇擦拭双手和超净工作台台面,最好按一定顺序和方向擦拭。

⑤用70%~75%乙醇擦拭培养瓶、酒精灯,可用喷壶将70%~75%乙醇喷到装有无菌纸、培养皿的器皿或包裹外壁,以防瓶外壁或包装纸外带入杂菌。

⑥灭菌后所有用具、物品摆放进超净工作台内。

3.3.2 无菌接种

将蘸有95%乙醇的剪刀、镊子、解剖刀在酒精灯火焰上充分灼烧或干热灭菌器中充分灭菌,放在支架上冷却备用。

接种前,最好切掉外植体切口处由于灭菌被杀死的部分,使外植体更好地吸收营养物质。用剪刀或解剖刀在培养皿内或无菌纸上进行切割,工具要锋利,切割动作要快,避免使用生锈的刀片,以防止氧化现象产生。

接种时,先轻轻取下培养基的封口膜或瓶盖置于工作台的一角。左手握培养瓶,将瓶口在酒精灯火焰处旋转灼烧,然后将瓶口靠近酒精灯火焰,保持培养瓶倾斜与水平面成45°,右手用冷却的镊子小心夹取一个外植体材料,立即放入培养基中。如果接种材料为茎段、茎尖、胚及种子,应当让材料的生物学上端向上放置;如果是叶片,应当叶背贴着培养基。一般来说,初代培养中一个培养瓶只放1个外植体材料,以降低外植体材料间的交叉污染。接种完成后,立即在酒精灯火焰上灼烧培养瓶瓶口数秒后,迅速包扎好封口膜或盖好瓶盖。

接种完毕,应做好标记,注明材料名称、接种日期等,并及时将接种后的培养瓶放到培养室中培养。

3.3.3 无菌操作注意事项

无菌操作是一项烦琐、细致的工作任务,要求操作每个环节都必须严格按操作流程进行,保证操作过程规范、准确,否则会导致整个生产失败。

①无菌操作前,打开接种室和超净工作台上的紫外灯,照射灭菌20min,操作人员进入接种室前应关闭紫外灯,以防伤害人体皮肤和眼睛;待风机将超净工作台内臭氧吹出后,约10min,方可开始工作。

②操作人员使用的工作服、帽子、口罩等物品,要保持干净,定期灭菌;常剪指甲,操作前先用肥皂把手洗干净,然后用70%~75%乙醇擦拭双手。

③接种用品准备齐全,合理摆放,超净台内不能堆放太多东西,且用完的工具或物品及时拿到超净工作台外,以免阻挡超净台吹出的气流。

④接种时,打开瓶盖、解开线绳的动作要尽量轻缓,防止大幅度动作改变无菌风的方向,造成超净工作台内空气污染。

⑤接种过程中,培养材料的修剪、开瓶、接种、封口等动作都要在酒精灯火焰无菌区进行;开瓶和盖瓶前瓶口都要在火焰上充分灼烧;培养瓶倾斜一定角度,也可有效减少杂菌落入。

⑥接种工具不能接触所有有菌东西,包括培养瓶外壁、台面、手等,如果接触,必须经灭菌后才能使用;要勤换工具,一般连续接6~8瓶换一套无菌工具或进行酒精灼烧灭菌;经常用70%~75%乙醇擦拭双手和台面,以避免交叉污染。

⑦操作人员的头不能伸入超净台内，手、臂一定不能从培养基、培养材料、接种工具上方经过，以防杂菌、灰尘落入；也不要超出超净工作台，否则需要重新用70%~75%乙醇灭菌后再进行操作。

⑧操作人员的呼吸也会带来污染，操作过程中应尽量避免说话，并戴上口罩。

⑨操作过程中操作人员不能随意走动。

⑩接种结束后，及时灭掉酒精灯，关闭超净工作台，清理台面。

→ 拓展知识

外植体表面灭菌剂灭菌原理及使用注意事项

乙醇　乙醇是最常用的表面灭菌剂。乙醇的穿透力较强，能在短时间内使微生物蛋白质脱水变性，杀菌效果好。它还具有较强的湿润作用，能有效地排除材料表面的空气，使灭菌剂与植物材料充分接触，实现较好的灭菌效果。

70%~75%乙醇灭菌效果最好，而95%或无水乙醇会使微生物表面蛋白质快速脱水凝固，形成一层干燥膜，反而阻止乙醇的继续渗入，杀菌效果大大降低。

乙醇不能彻底灭菌，一般不单独使用，多与其他灭菌剂配合使用。此外，乙醇对外植体材料的损伤也很大，浸泡时间过长，会将植物材料杀死，使用时应严格控制时间。

升汞（$HgCl_2$）　是一种重金属盐类，Hg^{2+}可以与带负电荷的蛋白质结合，使蛋白质变性，从而杀死菌体。升汞的灭菌效果很好，但易在植物材料上残留，灭菌后需用无菌水反复多次冲洗。升汞属剧毒药品，对人畜的毒性极强，对环境危害大，使用后应做好回收工作。

次氯酸钠　次氯酸钠是一种强氧化剂，它分解后可以释放出活性氯离子，从而杀死菌体。其灭菌效果很好，不易残留，对环境无害。但次氯酸钠溶液碱性很强，对植物材料会产生一定的损伤。

漂白粉　漂白粉有效成分是次氯酸钙，灭菌效果很好，对环境无害。它易吸潮散失有效氯而失效，应密封贮存以防潮解，并随配随用。

过氧化氢　也称双氧水，灭菌效果好，易清除，又不会损伤外植体，常用于叶片的灭菌。

新洁尔灭　是一种广谱表面活性灭菌剂，对绝大多数植物外植体伤害很小，杀菌效果好。

任务 4

继代培养和生根培养

➜ 任务目标

掌握影响继代培养的因素与解决措施；掌握影响试管苗生根的因素；掌握生根壮苗的措施；能按照规范要求完成植物组织培养苗的增殖；能完成生根培养基的制备，及时解决生根过程中遇到的问题。

➜ 任务描述

组培苗的继代培养与生根培养是指将已经诱导成功的外植体转接到继代培养基中进行继代增殖培养，将达到一定高度的无菌芽苗转接到生根培养基中进行生根培养。本任务需要完成的工作有两个，即试管苗继代增殖培养基配方的选择与环境调控技术、试管苗生根培养基配方的选择与环境调控技术。

➜ 任务实施

1. 任务分析

继代培养是继初代培养之后的连续数代的扩繁培养过程。其目的是扩繁中间繁殖体的数量，以迅速得到大量组培苗。该过程是植物组织培养快繁中决定繁殖系数高低的关键阶段。只有定期继代转接，才能迅速得到大量的试管苗，才能不断得到一定数量的试管苗向外移栽。当中间繁殖体增殖到一定数量后，就要使部分培养物分流到生根培养阶段，达到既能保持足够的繁殖体又要产生大量生根植株以满足市场需求。为了完成继代培养和生根培养，首先要明确工作任务和任务要求，合理分工，然后按照规范要求完成操作过程。

2. 材料与用具

超净工作台、酒精灯、75%酒精棉球、工具包、记号笔、火柴、95%乙醇等。

3. 方法与步骤

方案的制订 → 确定培养基的配方 → 培养基的配制和消毒 → 接种 → 培养观察 → 总结与评价

（1）继代培养

①在教师的指导下，各小组制订科学合理的试管苗继代培养实施方案。方案设计要科学、合理、具体，可操作性强。

②通过对不同植物组织培养快繁中间繁殖体发生类型的探究，根据不同的中间繁殖体发生类型，确定培养基的配方。

③根据中间繁殖体的数量和生长状况确定培

养基的制作数量和类型，进行小组合理分工。然后进行药品用量的计算，药品称量，药品溶解，定容，调整 pH 值，分装，封口，灭菌。

④根据不同植物组织培养快繁中间繁殖体发生类型确定继代转接技术，进行继代接种。要求操作规范、准确、协调、迅速，操作过程无污染。

⑤将植物组织培养苗放到培养室中进行管理，对操作现场进行规范整理。清洁操作台面，关掉用电设备，物品归位。

⑥教师对各小组任务完成情况进行评价，对整个过程的安排提出合理化建议，解答学生对本次任务的疑问。

⑦对继代培养进行观察、记载、统计和分析。接种 1 周后，观察污染情况；3 周后观察试管苗增殖情况，计算增殖率。

(2)生根培养

①在教师的指导下，各小组制订科学合理的试管苗生根实施方案。

②各小组在熟悉培养基种类的情况下，采用正确的方法进行生根培养基的配制与灭菌。此过程要求教师进行指导。

③各小组分别选择 1~2 种无根苗，通过无菌操作技术，使其生根，并进行培养。在生根接种前要做好工作台面的预消毒、接种工具消毒，操作规范、准确，工序衔接要紧凑。

④各小组在分工合作下，对所培养的生根试管苗进行随机观察，并做好记录，记录好生根的数量，发根情况，及时发现并解决问题。

⑤教师对各小组任务完成情况进行总结，对整个过程安排提出合理化建议。

➡ 任务提交

1. 提交学生工作页；
2. 在规定时间内，个人独立完成一定数量的继代接种和生根接种任务，并对培养过程进行全程观察记载，同时提交记录表。

➡ 相关知识

4.1 继代培养

通过初代培养所获得的无菌苗、不定芽、胚状体或原球茎等无菌材料称为中间繁殖体。由于中间繁殖体的数量有限，所以还需要将它们切割、分离后转移到新的培养基上进行增殖，这个过程称为继代培养。继代培养旨在繁殖出相当数量的无根苗，最后能达到边繁殖边生根的目的。继代培养使用的培养基对于一种植物来说每次几乎完全相同。由于培养物培养在接近最良好的环境条件下，排出了其他生物的竞争，在适宜的营养供应和激素调控下，能按几何级数增殖。不同种类的繁殖体在不同的条件下具有不同的繁殖率，但多数种类扩繁 1 次，其植株数量可增加 3~4 倍。

继代培养中扩繁的方法，包括切割茎段、分离芽丛、分离胚状体、分离原球茎等。切割茎段常用于有伸长的茎梢、茎节较明显的培养物。分离芽丛适于由腋芽反复萌发生长或愈伤组织生出的芽丛，若芽丛的芽较小，可先切成芽丛小块，放入 MS 基本培养基中，待到稍大时，再分离开来继续培养。

4.1.1 中间繁殖体的增殖方式

(1)无菌短枝型

又称节培法或微型扦插法。将顶芽、侧芽或带有芽的茎切段接种到伸长(或生长)培养基上，进行伸长培养，逐渐形成一个微型的多枝多芽的小灌木丛状的结构。继代时将丛生芽反复切段转接，重复芽—苗增殖的培养，从而迅速获得较多嫩茎（在特殊情况下也会生出不定芽，形成芽丛）。该方法一次成苗，遗传性状稳定，培养过程简单，适用范围大，移栽容易成活，但繁殖初期速度较慢。这种方法主要利用顶端优势，可用于枝条生长迅速，或对植物组织培养苗质量要求较高的草本植物和一部分木本植物。如菊花、香石竹、葡萄、月季等。

(2) 丛生芽增殖型

茎尖、带有腋芽的茎段或初代培养的芽，在适宜的培养基上诱导，不断发生腋芽，而成丛生芽。将丛生芽分割成单芽增殖培养成新的丛生芽，如此重复芽生芽的过程，可实现快速、大量繁殖的目的。将长势强的单个嫩枝转入生根培养基，诱导生根成苗，扩大繁殖。这种方法从芽到芽，遗传性状稳定，繁殖速度快，但过程较复杂，品种之间的差异较大。

(3) 器官发生型

从植物叶片、子房、花药、胚珠、叶柄等，诱导出愈伤组织，从愈伤组织上诱导不定芽。这种方法也称为愈伤组织再生途径。有些植物能直接从外植体表面产生不定芽，如矮牵牛、福禄考、百合等一些植物。

(4) 胚状体发生型

从植物叶片、子房、花药、未成熟胚等诱导体细胞胚胎发生。其发生和成苗过程类似合子胚或种子。这种胚状体具有数量多，结构完整、易成苗和繁殖速度快的特点，是植物离体无性繁殖最快的方法，也是人工种子和细胞工程的前提，受到国内外的普遍重视。但能诱导胚状体的植物种类及品种还不多，其发生机理尚不清楚，有的还存在一定变异，应先经试验后才能在生产上大量应用。

(5) 原球茎型

大部分兰花的培养属于这一类型。原球茎是一种类胚组织，培养兰花类的茎尖或腋芽可直接产生原球茎，继而分化成植株，也可以继代增殖产生新的原球茎，这取决于培养条件和培养基。

各种增殖方式的特点比较见表4-1。

表 4-1　各种增殖方式的特点比较

增殖方式	外植体来源	特　　点
无菌短枝型	嫩芽茎段或芽	一次成苗、培养过程简单、适用范围广、移栽容易成活、再生后代遗传性状稳定，但初期繁殖较慢
丛生芽增殖型	茎尖、茎段获初代培养的芽	与无菌短枝型相似，繁殖速度较快、成苗量大、再生后代遗传性状稳定
器官发生型	除芽外的离体组织	多数经历"外植体→愈伤组织→不定芽→生根→完整植株"的过程，繁殖系数高，多次继代后愈伤组织的再生能力下降或消失，再生后代容易变异
胚状体发生型	活的体细胞	胚状体数量多、结构完整、易成苗、繁殖速度快，有的胚状体存在一定变异
原球茎型	兰科植物的茎尖	原球茎具有完整的结构，易成苗、繁殖速度快、再生后代变异概率小

在具体的组培实践中，要根据植物材料生长的特点、分化的能力，选择最高效的途径来诱导材料分化及增殖。

4.1.2 影响试管苗继代培养的因素及解决措施

当试管苗在瓶内长满并长到瓶塞，或培养基利用完成时就要转接，进行继代培养，可迅速得到大量试管苗，以便进行移栽。能否保持试管苗的继代培养，是能否得到大量试管苗和能否用于生产的重要问题。

(1) 驯化现象

在植物组织培养的早期研究中，发现一些植物的组织经长期继代培养，发生一些变化，在开始的继代培养中需要生长调节物质的植物材料，其后加入少量或不必加入生长调节物质就可以生长，此现象叫作"驯化"。

但并不是出现这种所谓的驯化现象就好，有时长期的"驯化"现象会得到适得其反的结果，如造成只长芽不长根。芽的增长倍数很高，但芽又细又弱，这时在加入生长素的培养基中培养，几次继代方可长出较多的根。

(2) 形态发生能力的保持和丧失

在长时期的继代培养中，材料自身内部要发生一系列的生理变化，除了驯化现象外，还会出现形态发生能力的丧失。不同的植物其保持再生能力的时间是不同的，而且差异很大，在以腋芽或不定芽增殖继代的植物中，在培养许多代之后仍然保持着旺盛的增殖能力，一般较少出现再生能力丧失问题。

一般认为分化能力衰退主要有三个因素：

第一，愈伤组织中含有从外植体启动分裂时就包括进来的器官中心（分生组织），当重复继代会逐渐减少或丧失。也有人认为在继代培养过程中，逐渐消耗了原有的与器官形成有关的特殊物质。为什么有的植物出现形态发生能力丧失现象，而在另一些植物中，形态发生能力又能很好保持，其原因还有待进一步研究。

第二，形态发生能力的减弱和丧失，也可能与内源生长调节物质的减少或丧失有关。

第三，也可能是细胞染色体出现畸变，数目增加或丢失。

(3) 植物材料的影响

不同种类植物，同种植物不同品种，同一植物不同器官和不同部位继代繁殖能力也不相同。一般是草本＞木本；被子植物＞裸子植物；年幼材料＞老年材料；刚分离组织＞已继代的组织；胚＞营养体组织；芽＞胚状体＞愈伤组织。

(4) 培养基及培养条件

培养基及培养条件适当与否对能否继代培养影响颇大，故常改变培养基和培养条件来保持继代培养，在这方面有许多报道，如在水仙鳞片基部再生子球的继代培养中，加活性炭的培养基中再生子球比不加活性炭的要高出一至几倍。胡霓云等报道，在 MS 培养基初次培养的桃茎尖，若转入同样的 MS 培养基则生长不良，而转入降低氨态氮和钙，增加硝态氮、镁和磷的培养基中则能继代繁殖。

(5) 继代培养时间长短

关于继代培养次数对繁殖率的影响的报道不一。有的材料长期继代可保持原来的再生能力和增殖率，如葡萄、月季和倒挂金钟等。有的经过一定时间继代培养后才有分化再生能力。潘景丽等进行沙枣愈伤组织继代培养 6 次后，才分化苗，保持两年，仍具有分化能力。而有的随继代时间加长而分化再生繁殖能力降低,如杜鹃茎尖外植体,通过连续继代培养,产生小枝数量开始增加,但在第四或第五代则下降,虽可用光照处理或在培养基中提高生长素浓度,以减慢下降,但无法阻止,因此必须进行材料的更换。

(6)季节的影响

有些植物材料能否继代与季节有关。如水仙取 6~7 月的鳞茎,因夏季休眠,生长变慢,8 月休眠后,生长速度又加快。百合鳞片分化能力的高低,表现为春季 > 秋季 > 夏季 > 冬季。球根类植物组织培养繁殖和胚培养时,就要注意继代培养不能增殖,是因其进入休眠,可通过加入激素和低温处理来改变。唐菖蒲在 MS 培养基上得到的球茎,移植于 MS 培养基中,无机盐和糖浓度减半,并增加萘乙酸用量,可以防止继代中的休眠。

一般能达到每月继代增殖 3~10 倍,即可用于大量繁殖。盲目追求过高增殖倍数,一是所产生的苗小而弱,给生根、移栽带来很大困难;二是可能会引起遗传性不稳定,造成灾难性后果。

4.1.3　试管苗继代培养的方法

试管苗由于增殖方式不同,继代培养可以用液体培养和固体培养两种方法。

(1)液体培养

以原球茎和胚状体方式增殖,可以用液体培养基进行继代培养。如兰花增殖后得到原球茎,分切后进行振荡培养(用旋转、振荡培养,保持 22℃ 恒温,连续光照)即得到大量原球茎球状体,再切成小块转入固体培养基,即可得到大量兰花苗。

(2)固体培养

多数继代培养都用固体培养,其试管苗可进行分株、分割、剪截、剪成(剪成 1 芽茎段)等转接到新鲜培养基上,其容器可以与原来相同,大多数用容量更大的三角瓶、罐头瓶、兰花瓶等以尽快扩大繁殖。

4.2　生根培养

植物组织培养快速繁殖通过外植体的初代培养以及试管苗继代培养,往往诱导产生大量的丛生芽、丛生茎或原球茎。离体繁殖产生的芽、嫩梢和原球茎,一般都需要进一步诱导生根,才能得到完整的植物。从某种意义上讲,增殖只是储备母株,而生根才是增殖材料的分流,生产出产品。

在快速繁殖中,中间繁殖体的快速增殖是很重要的环节,但这一环节不能无限制地运行下去,若不能将继代培养物大量转移到生根培养基上,就会使不转移的试管苗发黄老化,或因过分拥挤而使无效苗增多,影响移栽成活率,而造成人、财、物的极大浪费。

4.2.1　生根培养的目的

试管苗的生根培养是使无根苗生根形成完整植株的过程。目的是使中间繁殖体生出浓密而粗壮的不定根,以提高试管苗对外界环境的适应力,使试管苗能成功地移栽到试管外,获得更多高质量的商品苗。试管苗一般需转入生根培养基中或直接栽入基质中促进其生根,并进一步长大成苗。

4.2.2 影响试管苗生根的因素

(1) 植物材料

不同植物及同一植物不同品种、不同材料和不同年龄对根的产生都有重要影响。木本植物较草本植物难，成年树较幼年树难，乔木较灌木难。但是具体到不同的植物种类也存在着差异，一般营养繁殖容易生根的植物材料在离体繁殖中也容易生根。有些试管苗由于在培养瓶中培养时间过长，茎木质化程度高，形成小老苗，这类苗也难生根。而生长旺盛幼嫩的试管苗则容易诱导生根。此外，生根难易还因取材季节和所处环境条件不同而异。

(2) 培养基

试管苗生根，是从营养状态进入自养状态的一个变化。利用根系吸收营养和水分是植物一种本能。培养基中浓度较高的营养元素及糖可使试管苗产生依赖性而不易生根，减少营养成分及糖的浓度即可刺激生根。所以，生根培养中培养基的营养成分及含糖量要降低。另外，培养基中的一些无机盐成分不利于根的产生，要适当降低无机盐浓度才有利于根的分化，因此在以 MS 为基本培养基的生根培养中大量元素要降到 1/4~1/2。

此外，试管苗的生根要求一定的 pH 值范围，不同植物对 pH 值要求不同，一般为 5.0~6.0，如杜鹃试管嫩茎的生根与生长在 pH 值为 5.0 时效果最好。

(3) 植物生长调节剂

对于大多数植物来说，植物激素中生长素有促进根的分化的作用。一般可以用 IBA、IAA、NAA 等药品单独或者混合使用。不同种类的生长素，直接影响生根的数量和质量。一般 IBA 作用强烈，作用时间长，诱导的根多而长，IAA 诱导出的根比较细长，NAA 诱导出的根比较短粗，一般认为用 IBA、NAA(0.1~1.0mg/L)有利于生根，两者可混合使用，但大多数仅单用一种人工合成生长素即可获得较好的生根效果。

在生根方面，细胞分裂素对生长素有颉颃作用，从而对根的生长具有抑制作用，所以生根培养基中一般不加细胞分裂素。在长期多次的继代培养中，由于高浓度的细胞分裂素使芽分化速度加快，芽小而密，生长极其缓慢。这种矮小的芽在转入生根培养基前，首先要转到细胞分裂素偏低或没有细胞分裂素的培养基上培养 1~3 代，待芽苗长得粗壮时，再转到生根培养基中诱导生根，这样提高了苗的质量。

(4) 培养条件的影响

温度、光照对发根都有很大的影响。一般诱导生根所需要的温度比增殖培养的温度要适当低一些，继代培养时适宜温度为 25~28℃，生根适宜温度为 20~25℃左右。温度低于 15℃，影响根分化生长；温度高于 30℃，根的质量变差、数量减少，且出现徒长现象，移栽成活率会大大降低。光照一般不抑制根原基的形成和生长，因此，大多数植物在普遍的正常光照下培养即可。

(5) 继代培养

试管嫩茎(芽苗)一般随着继代培养次数的增加，其生根能力有所提高。如杜鹃茎尖培养中，随培养次数的增加，小插条生根数量明显增加。

4.2.3 生根培养的方法

诱导试管苗生根的方法主要为：

①将新梢基部浸入 50mg/L 或 100mg/L IBA 溶液中处理 4~8h，诱导根原基的形成，再转移至无植物生长调节剂的培养基上促进幼根的生长。

②在含有生长素的培养基中培养 4~6d，待有根原基形成后，再进一步培养。

③直接移入含有生长素的生根培养基中。

上述三种方法均能诱导新梢生根。但前两种方法对新生根的生长发育更有利。而第三种对幼根的生长有抑制作用，因为当根原始体形成后较高浓度生长素的继续存在，则不利于幼根的生长发育。不过这种方法比较可行，实践中要选择好适宜的生长素及其浓度。

容易生根的植物，延长在增殖培养基中的培养时间，试管苗即可生根；适当降低一些增殖倍率，减少细胞分裂素的用量，即可增殖又可生根。如吊兰、花叶芋等植物的生根培养。也可进行瓶外生根（没有生根阶段），即切割粗壮的嫩枝，用生长素溶液浸蘸处理后在营养钵中直接生根，如香石竹等。

因植物种类或培养基不适合，或在增殖阶段细胞分裂素用量过高时易引起生根困难（残留在小苗里的细胞分裂素数量较多），在生根培养基上不能生根的，可转接二次生根培养基。生长较弱的植物也可这样做，使苗粗壮，便于诱导生根和以后的种植。

少数植物生根比较困难的，需要在培养基中放置滤纸桥，使其略高于液面，靠滤纸的吸水性供应水和营养等，解决生根时氧气不足的问题，从而诱发生根。

由胚状体发育的小苗，常常有原先即已分化的根，可以不经过诱导生根阶段。由于经过胚状体发育的苗数比较多，且个体较小，所以常需要低浓度或没有植物激素的培养基培养的阶段，以便壮苗生根。

4.2.4　生根培养的壮苗措施

在继代培养过程中，细胞分裂素浓度的增加有助于增殖系数的提高。但伴随着增殖系数的提高，增殖的芽往往出现生长势减弱，不定芽短小、细弱、生根困难，有时即使能够生根，移栽后成活率也不高。因此，对于继代增殖生产的一些弱苗必须经过壮苗培养。常用的壮苗措施有：

(1) 调整植物生长调节剂的种类及浓度

在继代培养中，为了提高芽的增殖率，细胞分裂素是需要添加的重要植物生长调节剂。在一定浓度范围内，培养基中添加的细胞分裂素浓度越高，芽的分化速度就越高，芽就越小，生长受到抑制，芽不能伸长，达不到诱导生根的条件。所以在诱导生根之前，要适当降低细胞分裂素的浓度，相对提高生长素的浓度，或者添加少量的赤霉素，进一步促进芽的伸长和生长。培养基中添加多效唑、比久、矮壮素等一定数量的生长延缓剂。

(2) 改善培养条件和培养方式

壮苗培养时，一般将生长较好的中间繁殖体分离成单苗，将较小的材料分成小丛苗培养；控制中间繁殖体的繁殖系数在 3~5 倍；适当增加光照，控制温度；一般培养温度为 25℃左右，为了培养壮苗，培养温度可适当降低到 20~25℃，光照要适当增加到 3000lx 左右。

试管内生根壮苗的目的是为了使试管苗成功地移植到试管外的环境中，使试管苗适应外界的环境因子。不同植物的适宜驯化温度不同，如菊花以 18~20℃为宜。温度过高导致蒸腾加强，以及菌类易滋生等问题；温度过低使幼苗生长迟缓，或不易成活。春季低温时苗床可加设电热线使基质温度略高于气温 2~3℃，利于生根和促进根系发达，有利于提前成活。

移植到试管外的植物苗光照强度应比移植前培养时有所提高，并可适应强度较高的漫射光，以维持光合作用所需光照强度。但光线过强刺激蒸腾作用加强，会使与水分平衡的矛盾更尖锐。

4.2.5 生根培养基配制原则

根据影响试管苗生根的几个因素，配制适合组培苗生根的培养基，以提高无根苗的生根率。生根培养基配制时应遵循以下几点原则：

①降低培养基中无机盐的浓度。一般采用1/2 或 1/4MS 培养基。
②去掉、减少原培养基中细胞分裂素成分。
③降低蔗糖浓度（如减半），以加强自养。
④添加一定浓度的植物生长激素。
⑤适当增加琼脂浓度。
⑥对有些植物可适当加些吸附剂（如活性炭），有促进生根的作用。

→拓展知识

一、继代培养物的不同表现的可能原因及解决措施

1. 苗分化数量少、速度慢、分枝少，个别苗生长细高。
原因：细胞分裂素用量不足；温度偏低；光照不足。
措施：增加细胞分裂素用量，适当降低温度，改善光照，改单芽继代为团块（丛芽）继代。

2. 苗分化较多，生长慢，部分苗畸形，节间极度缩短，苗丛密集过微型化。
原因：细胞分裂素用量过多；温度不适宜。
措施：减少细胞分裂素或停用一段时间，调节适当温度。

3. 分化苗较少，苗畸形，培养较久苗可能再次愈伤组织化。
原因：生长素用量偏高，温度偏高。
措施：减少生长素用量，适当降低温度。

4. 叶增厚变脆。
原因：生长素用量偏高，或兼有细胞分裂素用量偏高。
措施：适当减少激素用量，避免叶接触培养基。

5. 再生苗的叶缘、叶面等处偶有不定芽分化出来。
原因：细胞分裂素用量过多，抑或该种植物不适于这种再生方式。
措施：适当减少激素用量，或分阶段利用这一再生方式。

6. 丛生苗过于细弱，不适于生根操作和移栽。
原因：细胞分裂素用量过多，温度过高，光照短，光强不足，久不转接，生长空间窄。
措施：减少细胞分裂素用量，延长光照，增加光强，及时转接继代，降低接种密度，改善瓶口遮蔽物。

7. 带有黄叶死苗夹于丛生苗中，部分苗逐渐衰弱，生长停止，草本植物有时水浸状、烫伤状。
原因：瓶内气体恶化；pH 值变化过大；久不转接糖已耗尽，光合作用不足自身维持；瓶内乙烯含量升高；培养物可能已污染；温度不适。
措施：及时转接继代，改善瓶口遮蔽物，去除污染，控制温度。

8. 幼苗生长无力，陆续发黄落叶，组织水浸状、煮熟状。
原因：温度不适，光照不足，植物激素配比不当，无机盐浓度不适等。
措施：调控光温条件，及时继代，适当调节激素配比和无机盐浓度。

9. 幼苗浅绿，部分失绿。

原因：忘记加铁盐或量不足；pH 值不适，铁锰镁配比失调，光过强，温度不适。

措施：仔细配制培养基，注意配方成分，调好 pH 值，控制光温条件。

二、生根培养的不同表现的可能原因及解决措施

1. 培养物久不生根，基部切口没有适宜的愈伤组织。

原因：生长素种类、用量不适宜；生根部位通气不良；生根程序不当；pH 值不适，无机盐浓度及配比不当。

措施：改进培养程序，选用适宜的生长素或增加生长素用量，适当降低无机盐浓度，改用滤纸桥液体培养生根等。

2. 愈伤组织生长过快、过大，根茎部肿胀或畸形，几条根并联或愈合。

原因：生长素种类不适，用量过高，或伴有细胞分裂素用量过高，生根诱导培养程序不对。

措施：调换生长素种类或几种生长素配合使用，降低使用浓度，附加维生素 B_2 或 PG（间苯三酚）等减少愈伤组织，改变生根培养程序等。

三、试管瓶外生根

为了提高试管苗的生根和移栽成活率，针对有些植物种类在试管中难以生根或根系发育不良，吸收功能极弱，移栽后不易成活的特点，同时为了缩短育苗周期，降低生产成本，国内外许多学者，就现有的生根和驯化程序进行了改进，从而产生了试管苗瓶外生根技术。

1. 试管外生根的特点

所谓试管外生根，就是将植物组织培养中茎芽的生根诱导阶段同培养阶段结合在一起，直接将茎芽扦插到试管外的有菌环境中，边诱导生根边驯化培养。试管外生根将试管苗的生根阶段和驯化阶段结合起来，省去了用来提供营养物质并起支持作用的培养基，以及芽苗试管内生根的传统程序；简化了植物组织培养程序，降低了成本，提高了繁殖系数。

2. 影响试管外生根的因素

（1）生长素

在植物组织培养的过程中，植物生长调节剂起着非常重要的作用，而生长素更甚。不定根的发生和发育的整个阶段一般都需要补充生长素，生长素的存在不仅有利于根原基的诱导，还有利于不定根的生长，但过高的生长素也会抑制根原基的生长，进而影响根的伸长。一般根原基的启动和形成阶段生长素起着关键作用，而根原基的伸长和生长则可以在没有外源生长素的条件下实现。试管外生根就是基于上述原理，在生根的起始阶段采用高浓度的生长素刺激根原基的形成，而在根原基的伸长阶段撤掉生长素，解除其抑制作用。因此，生长素的存在对试管苗瓶外生根是必需和必要的，如牡丹丛生芽在试管外生根时，只有体内 6-BA 水平下降、IAA 水平升高后才有利于不定根的形成。

（2）生根方式

试管苗瓶外生根大多采用微体扦插法进行，即将无根苗切下，经过一定浓度生长素处理后，扦插在基质或苗床上，并施以保湿措施，来完成试管苗的生根。微体扦插基质一般选择透气保湿的基质，如苔藓、蛭石、珍珠岩、泥炭等。如芦荟组织培养试管外生根以蛭石为好；一品红试管试管外生根以珍珠岩比较适宜，因为珍珠岩空隙大，质轻，透气性好，且有一定的保水能力。此外，试管苗还可进行水培生根。例如，对满天星采用瓶外水培生根，将健壮试管苗的茎段用 ABT 生根粉处理后，然后扦插水培，进行覆盖保湿管理，其生根率可达 90% 以上，且根系发达，吸水能力强，生长健壮。

（3）环境条件

试管苗瓶外生根过程中的温度、湿度和光照等环境条件是成功的关键因素。试管苗一般生长在高

湿、弱光、恒温、无菌的条件下，出瓶后若不保湿，极易失水萎蔫而死亡。因此，试管苗在进行瓶外生根时，必须经过由高湿到低湿、由恒温到自然变温、由弱光到强光的分步炼苗过程。在试管外生根前期需采取覆膜或喷雾等方法，保证空气相对湿度达到85%以上，温度起始阶段则控制在20℃左右较为适宜，并及时增加光照，以保证幼苗基部的正常呼吸，并防止叶片失水萎蔫，增强其光合作用的能力。在试管外生根后期则需加强通风，以逐渐降低湿度和温度，增强幼苗的自养能力，促进叶片保护功能快速完善，气孔变小，增强抵抗性以及适应外界环境条件的能力，提高生根成活率。

(4) 试管苗的质量

不同的植物、不同的幼化程度对分化不定根均有决定性的影响。一般木本植物比草本植物难，只有多次继代后才能生根，且年龄越小生根越容易，另外生长旺盛健壮的苗也较生长细弱的苗生根力强。因此，通过多次继代，并采用半木质化、叶片肥厚、茎秆粗壮的无根苗可获得较高的生根率。此外，无根试管苗在进行瓶外生根前，一般必须进行炼苗过程，经过锻炼的试管苗，叶片抗蒸腾作用和适应能力增强，光合性能显著提高，适应外界环境的能力增强，因此生根成活率提高。

3. 试管外生根的技术

有些植物种类在试管中难以生根，或有根但与茎的维管束不相通，或根与茎联系差，或有根而无根毛，或吸收功能极弱，均导致移栽后幼苗不易成活，这就需要采用试管外生根法。试管外生根的方法主要有以下4种：

(1) 在试管内诱导根原基后再扦插

从继代培养获得的丛生芽中选取生长健壮、长1~3cm的小芽，转入生根培养基中培养2~10d，待芽苗基部长出根原基后再取出扦插到营养钵中。由于扦插通气性好，一般5~6d后即可由根原基长出主根、侧根和根毛，形成吸收功能好的完整根系。该方法简便易行，可缩短生产周期，又能显著提高移栽成活率。

(2) 生长素处理法

将无根的试管苗取出后，用生长素溶液浸泡1h或蘸生根粉后进行扦插。所用生长素浓度一般比诱导生根培养基高出10倍左右。

草本可用 IAA 5mg/L + NAA 1mg/L，木本植物可用 IBA 5mg/L + NAA 1mg/L，浸泡1~2h 后扦插。ABT 生根粉用法：将试管苗迅速放在1000mg/L ABT 生根粉溶液里蘸一下，然后进行移栽。或者用20~50 mg/L 生根粉溶液浸泡试管苗12h 后移栽，可大大提高生根率。

(3) 盆插或瓶插生根法

采用罐头瓶或盆为容器，内装泥炭或腐殖土与细沙，每瓶插入10~30株无根壮苗，插入深度为0.3~1.2cm，加入生根营养液，在一定的温度、湿度及光照条件下进行培养，约20d即可长出新根，约30d后待二级根长至8~12cm时即进行移栽，可提高成活率。

(4) 在智能化苗床上进行生根

试管苗在智能化苗床中生根，因在计算机创造的模拟自然环境中进行，用的是一般的无机基质，不仅方法简便，易于操作，而且出苗率高，成本低，根系发育好，移植后生长正常，无生长停滞现象。

任务 5
组培苗炼苗移栽

➙任务目标

掌握植物组织培养苗的特点；掌握影响植物组培苗移栽成活率的措施；能创造合适的条件对植物组织培养苗进行炼苗，能选择合适的移栽基质和容器，完成试管苗的移栽。

➙任务描述

组培苗炼苗移栽是指将无菌生根试管苗进行炼苗后移栽的过程，是组织培养工作的重要环节。为了使植物组织培养苗顺利完成从室内环境到室外环境的过渡，保证植物组织培养苗较高的移栽成活率，通常先对植物组织培养苗进行炼苗，然后进行移栽和苗期管理。本任务需要完成两项工作：一是组培苗的炼苗与移栽，二是组培苗的苗期管理。

➙任务实施

1. 任务分析

植物组织培养苗的炼苗和移栽是组织培养苗能否适应大田环境的一项关键技术，必须通过合理的炼苗技术和移栽技术，创造合适的光照、温度、湿度等环境条件，才能使植物组织培养苗成功地完成从室内到室外的过渡阶段，保证植物组织培养苗顺利成活。在任务实施前应先对小组进行分工，明确工作任务和任务要求，然后按照规范要求完成操作过程。

2. 材料与用具

生根试管苗、蛭石、穴盘、镊子、竹签、水桶、喷壶等。

3. 方法与步骤

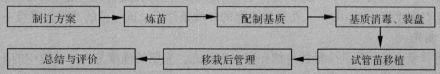

①各小组先通过对植物组织培养苗特点的研究，对植物组织培养苗所处环境及外界环境的异同进行比较，熟悉植物组织培养苗的特点，明确试管苗炼苗的目的，制订炼苗移栽方案。

②在教师指导下各小组完成对植物组织培养苗的炼苗任务。将已生根需要移栽的组培苗移至温室内，先不打开瓶口，在自然光照下炼苗3~4d，然后打开瓶口炼苗2~3d。

③各小组根据不同植物组培苗的要求,选择适当基质种类和配比。可用珍珠岩:蛭石:草炭土(或腐殖土)比例为1:1:0.5。基质在使用前可用0.3%~0.5%高锰酸钾溶液消毒,然后将基质装入育苗盘中。

④用镊子小心将试管苗从培养瓶中取出,放在盛有20℃左右的温水中,轻轻清洗干净附着在根上的培养基,并对过长的根适当修剪。将洗净的试管苗放入500~800倍多菌灵溶液中浸泡1~2min后,捞出消毒后的试管苗,稍晾干。在穴盘孔穴的基质中心位置用竹签插一小孔,孔深及大小根据试管苗根系发达程度来定。然后用手持镊子夹取试管苗,轻轻放入孔穴内,并舒展根系,而后轻轻镇压、喷水。

⑤一般栽后1~2周内,应遮光处理,空气相对湿度保持在90%以上;后期逐渐降低湿度,增加光照强度,加强通风。

⑥各小组对炼苗移栽过程中出现的问题进行总结,并互相检查炼苗条件和移栽技术是否合理。教师对各小组任务完成情况进行讲评,对整个过程的安排提出合理化的建议,解答学生对本次任务的疑问。

➜ 任务提交

1. 提交学生工作页;
2. 制订组培苗炼苗、移栽方案,方案要求科学、合理;
3. 探讨提高组培苗移栽成活率的措施;
4. 观察组培苗的生长状况,并做好相关记录,统计移栽成活率。

$$移栽成活率 = \frac{移栽成活苗数}{移栽苗数} \times 100\%$$

➜ 相关知识

5.1 试管苗的特点

5.1.1 试管苗的生长环境

试管苗长期生长在培养容器中,与外界环境基本隔离,形成了一个独特的生态系统。与外界环境条件相比,具有恒温、高湿、弱光、异养、无菌的特点。

(1)恒温

试管苗在全部培养过程中,一般均采用较高温度(25℃±2℃)的恒温培养,温度波动也很小。

(2)高湿

由于培养容器的密闭,其内水分移动有两种途径,一是由培养基表面向容器中蒸发,水汽凝结后又进入培养基;二是试管苗吸收水分,从植物表面蒸腾。循环的结果使培养容器中的相对湿度接近于100%。在这种高湿的环境条件下,试管苗的蒸腾量是极小的。

(3)弱光

在培养室中的光源是少量的自然光和人工补光,光照的强度与自然环境中的阳光相比要弱得多,试管苗生长也很弱小。

(4)异养

试管苗自身光合能力很弱,基本上是借助培养基的养分为其提供营养物质。

(5)无菌

试管苗所在的环境是无菌的,因此苗对自然环境的抵抗能力很弱。

5.1.2 试管苗的特点

(1)叶片保护组织不发达

试管苗叶表面角质层薄或蜡质层不发达,叶片没有表皮毛,或仅有较少表皮毛,且试管苗长期在高湿环境条件下生长,气孔只开不闭,而且气孔突起张开很大,功能不健全,缺乏控制水分蒸发的调节功能,这就导致试管苗在炼苗过程中以及移栽后叶片大量失水萎蔫。

(2)茎的支撑能力较差

自然界中的木本植物木质部发达,茎干直立坚硬,草本植物表皮层有纤维细胞使茎秆坚硬,而试管苗这些机械组织都发育比较差,茎干(秆)嫩而不坚硬,在缺水时容易萎蔫和倒伏。

(3)根系不发达

根毛少或无根毛,吸水能力弱(瓶内苗靠组织吸水,生根苗靠根毛吸水),不能适应土壤环境。

5.2 组培苗的炼苗

5.2.1 炼苗的目的

如果试管苗直接移栽到室外,由于生存环境发生了剧烈的变化,绝大多数试管苗因为难以适应而死亡。炼苗的目的是人为创设一种由试管苗生境逐渐向自然环境过渡的条件,促进试管苗在形态、结构、生理方面向正常苗转化,使之更能适应外界环境,从而提高试管苗移栽的成活率。

5.2.2 炼苗的原则

根据试管苗的特点及其生境与自然环境差异,炼苗原则应从光、温、气、湿及有无杂菌等环境要素考虑。前期以创设与试管苗原来生境相似的条件,即在出瓶之前,将培养容器置于较强光下,逐渐打开封口增加通气,直至封口物全部去除,使试管苗逐渐适应外界环境。这个炼苗过程多在炼苗室内进行,试管苗不离开培养容器,因此也称"瓶内炼苗"。一般需要10~20d。后期则创设与自然环境相似的条件,以利试管苗在形态结构及生理功能方面发生向适应外界环境的转化,即从培养室移出后定植到育苗容器或苗床,要经过一段保湿遮光阶段,称"瓶外炼苗",从而有效地提高移栽成活率。

5.2.3 炼苗的方法

将长有准备移栽的试管苗的容器移至炼苗室,开始时注意适当遮光,保持温湿度,以后逐渐撤除遮光用具,并加大温差。开始松开直至最后撤除封口材料,逐渐降低湿度、增强光照,使新叶逐渐形成蜡质,产生表皮毛,降低气孔口开度,逐渐恢复气孔功能,减少水分散失,促进新根发生,以适应环境。其湿度降低和光照增强进程依植物种类、品种、环境条件而异。其合理程度应使原有叶片缓慢衰退,新叶逐渐产生。如降低湿度过快,光线增加过大,原有叶衰退过速,则使得原有叶片褪绿和灼伤、死亡或缓苗过长而不能成活。一般情况下初始光线应为日光的1/10,其后每3d增加10%。湿度按开始3d饱和湿度,其后每2~3d降低5%~8%,直到与大气相同。经过1~2周的炼苗后,便可移栽。

在试管苗炼苗过程中其最大的障碍是湿度。因为试管苗叶片角质层不发达,叶片通常没有表皮毛,或仅有较少表皮毛。叶片上甚至出现了大量的水孔,此外,气孔的数量、大小也往往超过普通苗。当将它们直接移栽到自然环境中，试管苗蒸腾作用极大，失水率很高，非常容易死亡。为了改善试管苗的上述不良生理、形态特点，要经过与外界相适应的炼苗处理，常采取的措施为：对外界要增加湿度、减弱光照；对试管内要通透气体、增施二氧化碳肥料、逐步降低空气湿度等。

5.3 组培苗的移栽

5.3.1 移栽时期

移栽时期最好选择该种植物的自然出苗季节，这样容易成活，又能保证及时开花，如菊花宜在春末夏初移栽，不但移栽成活率高，且能当年开花。

5.3.2 移栽基质的选择与配制

适于移栽组培苗的基质要具备透气性、保湿性和一定的肥力，容易灭菌处理，且不利于杂菌滋生。一般可选用珍珠岩、蛭石、河沙、过筛炉灰渣、腐熟锯末、草炭、腐殖土、椰糠等，兰科植物最好用草苔。基质应根据不同植物的栽培习性配制。配时需要按比例搭配，一般用珍珠岩：蛭石：草炭土（或腐殖土）比例为1:1:0.5，也可用沙子：草炭土（或腐殖土）为1:1。这些基质在使用前应高压蒸汽灭菌，也可用0.3%~0.5%高锰酸钾溶液消毒或0.3%硫酸铜稀释液消毒。

5.3.3 容器的选择

栽培容器可用$(6×6)cm$~$(10×10)cm$的软塑料钵，也可用育苗盘。前者占地大，耗用大量基质，但幼苗不用再移栽，后者需要二次移苗，但省空间、省基质。

也可在事先做好的苗床上直接进行移栽。

5.3.4 试管苗的移栽方法

不同种类的植物材料，对自然环境条件的适应能力是有差异的，可针对各自特点采用适宜的移栽方法。

(1)常规移栽法

当试管苗长出白色粗壮的小不定根3~4条时，根长约0.5~1cm，芽苗长2cm左右时，可以进行试管苗的驯化、移栽。

试管苗从瓶中取出后，放在盛有20℃左右的温水中，将附着在根上的培养基清洗掉，洗时动作要轻，注意不能伤根。然后放入另一盆温水中清洗一次，将培养基彻底洗掉，以免留下的培养基引起污染腐烂。用800倍50%多菌灵等杀菌剂浸泡1~2min，移植到消过毒的基质上。栽植深度适宜，尽量不要弄脏叶片，防止弄伤植株。栽后把苗周围基质压实，栽前基质要浇透水，栽后轻浇薄水。再将苗移入高湿度的环境中，保证空气湿度达90%以上。保持一定的温度，适当遮阳。一般组织培养苗培养20~30d后长出新根、发出2~3片新叶，高度5~10cm时，便可移栽到田间或盆钵中。

(2)直接移栽法

直接将试管苗移栽到盆钵的方法。

5.3.5 试管苗移栽应注意的问题

①从瓶中取苗要轻，防止扯断苗根。

②试管苗清洗时，一定要将其上的琼脂和松散的愈伤组织清洗干净。

③移栽基质要疏松、且排水和透气性也要好。同时要注意对基质进行彻底的消毒

处理。

④移栽最好选在无风阴湿的天气。

⑤对于已经植于育苗盘的试管苗，应在清洁又能控温的条件下生长，空气湿度要大，光照过强应适当遮阳。

5.4 提高试管苗炼苗移栽成活率的措施

①应有针对性地调整培养基配方，改善培养条件，努力提高试管苗质量。

②及时出瓶炼苗，避免组培苗老化。操作过程应极力避免损伤试管苗的根和叶。无根或根系不发达的小苗要在基部蘸取生根粉或生长素溶液，以尽快促进生根。

③改善过渡培养的环境条件，有条件的单位可采用自控温室，并配合喷灌，能极大提高移栽成活率。

④选择恰当的种植介质，要求疏松、保水和保肥，易灭菌。

⑤对栽培基质进行灭菌或喷洒杀菌剂溶液，可防止滋生大量杂菌。

⑥保持试管苗的水分供需平衡。因为试管苗的茎叶保水能力差，加上根系吸水能力差，所以需要提高环境中的相对湿度，使小苗保持挺拔姿态，以保证正常的各种生命活动。

⑦适当采取遮阳措施，可降低蒸腾失水，也可避免强日照对叶片的灼伤。

⑧加强肥水管理和病虫害防治。

⑨降低无机盐的浓度对植物生根效果好，有利于移栽成功。

⑩在生根培养基中加入少量活性炭，对某些植物的嫩茎生根有良好作用，尤其是采用酸、碱和有机溶剂洗过的活性炭效果更佳。但活性炭对某些植物根的生长无作用。

⑪炼苗过程中让植物组织培养苗逐渐从无菌向有菌环境过渡。

5.5 移植后管理

移植后的小苗仍要注意控制温度、湿度、光照，保持基质适当的通气性，保持洁净度防止菌类滋生，促使小苗尽早达到定植标准。

(1) 保持水分供需平衡

在移栽后5~7d内，应给予较高的空气湿度条件，可采取浇水、喷雾、搭设小拱棚等措施。5~7d后，发现小苗有生长趋势，可逐渐降低湿度，使小苗适应湿度较小的条件。

(2) 保证适宜的温度和光照条件

适宜的生根温度是18~20℃，冬春季地温较低时，可用电热丝来加温。温度过低会使幼苗生长迟缓，或不易成活。温度过高会使水分蒸发，从而使水分平衡受到破坏，并会促使菌类滋生。另外，在光照管理的初期可用较弱的光照，一般控制在3000lx左右，如在小拱棚上加盖遮阳网等，以防阳光灼伤小苗和增加水分的蒸发。当小植株有了新的生长时，逐渐加强光照，后期可直接利用自然光照。促进光合产物的积累，增强抗性，促其成活。

(3) 保持基质的通气性

要选择适当的颗粒状基质。在管理过程中不要浇水过多，过多的水应迅速沥除，以利根系呼吸，以防烂苗。

(4)保持洁净度防止菌类滋生

由于试管苗原来的环境是无菌的,移出来以后难以保证完全无菌,因此,应尽量不使菌类大量滋生,以利成活。所以,应对基质进行高压灭菌或烘烤灭菌。可以适当使用一定浓度的杀菌剂以便有效地保护幼苗,如多菌灵、托布津,浓度800~1000倍,喷药宜7~10d一次。

(5)给予合理的养分管理

喷水时可加入0.1%的尿素,或用1/2 MS大量元素的水溶液作追肥,可加快苗的生长与成活。

总之,试管苗在移栽管理的过程中,应综合考虑各种生态因子的相互作用,及时调节各种变化中的生态因子,加强管理,把水分平衡、适宜的介质、控制杂菌和适宜的光、温条件控制好。

→ 拓展知识

植物无糖组培技术

植物无糖组培技术,又称光自养微繁殖技术,是指在植物组培中以CO_2代替糖作为植物体的碳源,通过控制影响组培苗生长发育的环境因子,促进植株光合作用,以更接近植物自然生长状态、成本相对较低的方式生产优质种苗的一种植物组织培养技术。

无糖组织培养技术与常规技术不同之处在于:改变了碳源的供给途径,即培养基中不添加糖,而是增加CO_2,配合强光照来提高植物的光合作用,极大地降低了污染率;组培苗由原来的小容器改为大容器培养,简化了工艺流程,节约了大量劳力、物力,极大地提高了经济效益;通过控制离体材料生长的环境因子,促进植物光合作用,使之快速由异养型转变为自养型,形成的苗整齐、粗壮、根系发达;用多孔低廉的无机材料取代了琼脂,克服了组培苗在琼脂中根系生长纤细又在移植时根系易折断的问题,提高了移栽成活率。

植物无糖组培技术应用中存在的问题:

①需要精细而复杂的容器内环境控制技术。这需要对植物的生理特性及与外界环境的互动关系,容器内外的环境及物理调控有比较深入的了解。

②增加了环境调控费用。主要是增加了光照强度和CO_2供应量。

③培养的植物材料受到限制。植物无糖组培需要高质量的芽和茎,需要一定的叶面积;适用于继代和生根培养而不适于茎尖培养;适于以茎段方式增殖而不适于芽增殖的植物。

任务 6
组培生产常见问题及控制

➡任务目标
掌握降低组培污染发生率的技术措施；掌握减轻组培苗褐化技术措施；掌握减轻组培苗玻璃化技术措施；掌握预防组培苗变异的技术措施。

➡任务描述
组培生产常见问题及控制是指在植物组培生产过程中经常出现的污染、褐化、玻璃化及遗传稳定性问题，通过分析各种问题出现的原因及其发生机理，提出合理控制意见。

➡任务实施

1. 任务分析
污染是植物组织培养中首先必须面对的问题。植物组织培养中，可能发生培养物污染的因素主要包括外植体带菌、接种室及培养室环境不洁、无菌操作不规范。接种室和培养室可采用甲醛、高锰酸钾混合熏蒸，结合紫外灯照射 20～30min；外植体可采用75%乙醇和0.1%升汞杀菌；双手可用75%的酒精棉球擦拭；接种工具可采用75%酒精棉球擦拭，再经火焰灼烧灭菌。除了上述灭菌技术外，工作人员的无菌操作规范起到至关重要的作用。

2. 材料与用具
超净工作台、75%乙醇、95%乙醇、培养瓶、接种器械、酒精灯、培养材料等。

3. 方法与步骤
①在接种室启用前用甲醛与高锰酸钾混合熏蒸接种室，做好通风换气工作。

②正式接种前30min左右，打开超净工作台上的紫外灯和风机，20～30min后接种。

③用肥皂水洗净双手，在缓冲间内穿好灭过菌的实验服、帽子与拖鞋，进入接种室。

④用75%乙醇对着工作台面喷雾除尘，擦拭工作台面和双手。

⑤用蘸有75%乙醇的纱布擦拭待接种的培养母瓶，放进工作台。

⑥把解剖刀、剪刀、镊子等器械浸泡在95%乙醇中，在火焰上灭菌后，放在器械架上。

⑦取出培养母瓶，用火焰烧瓶口，转动瓶口使瓶口各部分都烧到，打开封口塑料。

⑧取下接种器械，在火焰上灭菌。

⑨把培养材料切割好，迅速放入培养瓶，扎上瓶口（每人接种5～10瓶）。操作期间应经常用75%乙醇擦拭工作台和双手；接种器械应反复在95%的乙醇中浸泡和在火焰上灭菌。

⑩接种结束后，清理和关闭超净工作台。

→ 任务提交

1. 提交学生工作页；
2. 降低植物组织培养操作污染率的技术措施。

→ 相关知识

6.1 试管苗污染的发生与控制

污染是指在组培过程中，由于真菌、细菌等微生物的侵染，在培养容器内滋生大量的菌斑，使试管苗不能正常生长和发育的现象。

6.1.1 真菌的污染

真菌（fungi）是一类没有叶绿素，异养的真核微生物。除极少数种类是单细胞外，绝大多数是由多细胞组成的菌丝，结成一团的菌丝称为菌丝体，菌丝分有隔菌丝和无隔菌丝两种。有隔菌丝是由多个细胞组成，相邻的细胞之间由隔丝隔开。在地球上广泛存在于空气、水、土壤以及各类生物的体表或体内。大气中已知的真菌有 11 255 属 10 万种，在室内常附着在物体表面，能自动或随人的活动而扩散。种类丰富，分布广泛，繁殖快速，无处没有，无处不在。一个季节繁殖 4~5 代，孢子可达 10 000 亿个。

室内真菌种类：主要有芽枝孢霉属、曲霉属、铰链孢霉属、镰刀霉属、青霉属等。真菌数量的多少，与温度、湿度有很大关系。真菌以腐生、寄生或共生的形式进行异营性生活，并可于菌丝产生孢子以完成有性或无性繁殖。

真菌季节变化：春、夏季，尤其是南方的梅雨时节，温暖潮湿，非常适合真菌生长。冬季室内真菌浓度较高。

空调加重污染：如果长期使用空调而不注意通风，可引起室内真菌污染。室内有空调比没有空调情况下曲霉菌落数多 4 倍。

6.1.2 细菌的污染

细菌（bacteria）是一类微小的单细胞生物，有 2000 多种。从形态上看，细菌可以分成球菌、杆菌和螺旋菌三类。细菌是无孔不入的微生物，儿童玩具、手机、计算机键盘和衣服上，甚至植入人体的医用植入物等（如心脏起搏器），都随时有可能沾染细菌，对人体造成危害。为避免细菌的侵袭，科学家曾尝试用抗微生物材料生产各种用品，但效果并不理想，因为这些材料虽然能杀死细菌，却充满化学物质。细菌是处于生物和无生物之间的东西。泥土里、水里、都市的空气里都有细菌散布着，多到 50 种以上。

6.1.3 污染原因判断

若污染菌类是零星分散在培养基中，则可确定是人为引起的污染，如培养基灭菌不彻底；超净工作台长时间不换滤网，致使净化能力降低；接种用具灭菌不彻底；操作不正确，动作生硬缓慢，开瓶时间太久，接种台摆放物品杂乱，操作中心在人体范围之内；接种室长期不灭菌，菌类太多。

若污染菌类是从材料周围长起，则可证明是植物材料带菌引起。可能是接种用具灭菌不彻底，接种时材料被污染；或者是未及时发现污染苗，接种过程交叉感染。若是外植体，菌类从材料培养基以上部分长起，而不是从培养基先长起，且发生在 5d 以后，则说明是材料带的内生菌。若从培养基以下开始长菌，发生时间较早，且有从里向外的趋势，则说明是切口引起的污染，原因是灭完菌后，未剪去两个切口或虽剪但器具带菌。

6.1.4 控制污染的措施

(1) 器具灭菌

在组培生产中，使用的所有器具均需进行高温灭菌后才能使用。首先是培养基的灭菌，在121℃消毒20~30min，灭菌效果取决于初始温度及高温的持续时间、压力。接种用的器具除经过高温消毒外，在接种的过程中，每使用一次，还需蘸乙醇后在酒精灯火焰上彻底灼烧灭菌。特别是在不慎接触污染物时，极易由于器具引起污染，在组培中较常见的细菌性潜在污染，是由于器具消毒不彻底带有半致死细菌引起的。

(2) 外植体

经过灭菌的材料，并不一定已完全将微生物杀死，有相当多的材料仍带菌，这些个体培养2~3d后就开始长菌，需要及时地进行检查和淘汰，否则还会马上传染其他个体。经过认真观察，将无菌的个体及时转接到新的培养基上。

对外植体的污染，除了摸索最佳的灭菌方法，最大限度地杀死微生物外，对污染的外植体要及时淘汰。此外在种源有限时，也可以采用对污染的材料进行二次灭菌的办法，但灭菌时间和消毒剂用量难掌握，效果通常都不理想。

(3) 接种操作

在接种过程中，很容易人为带入各种微生物，引起比较严重污染。应注意以下几点：

①接种人员要注意个人卫生，特别是手要认真清洗，并用70%乙醇消毒。在接种的过程中，还要经常用70%乙醇擦手。

②对于需要继代转接的组培苗，由于在培养室内摆放了一定时间，瓶子外壁落有灰尘。放入超净工作台之前，用70%的乙醇擦拭，以免瓶子上的大量微生物在风机的吹动下，在操作区内流动盘旋，由霉菌引起组培材料的大量污染。

③在操作区内，不要放入过多的待用培养基，避免气流被挡住。

④接种者应当熟练掌握操作技术，做到操作娴熟、干练。

(4) 环境条件

在大规模的组培生产中，大环境的污染也会使各个环节的污染明显增加，严重时会使生产无法进行。应注意以下问题：

①污染的组培材料不能随便就地清洗，必须经高压灭菌，彻底杀死各种微生物后再进行清洗。

②环境要进行定期的熏蒸消毒，一般用高锰酸钾和甲醛，这种方法效果好，但对人体有一定的危害。

③在接种室和培养室内，平时还需用紫外灯照射消毒。现在有一种臭氧灭菌机，对大环境消毒效果较好，而且使用灵活方便，对人体的危害也相对较小。

④减少环境污染除了加强灭菌外，平时应天天清扫，使整个环境清洁有序也是非常重要的。

(5) 超净工作台

为了使超净工作台有效工作，防止操作区域本身带菌，要定期对过滤器进行清洗和更换，对内部的超净过滤器，不必经常更换。但每隔一定时间要进行操作区的带菌试验，如果发现失效，则要整块更换。还需测定操作区的风速，使其达到20~30m/min。此外，每次使用应提前15~20min打开机器预处理，并对操作台面用70%乙醇进行喷雾消毒。

(6) 及时清洗培养瓶

使用过的培养瓶应及时清洗，否则残余的培养基会变干并发霉，成为新的污染源。使用过的封口膜，也要及时擦干净并晾干，否则也会生长霉菌，增加污染源。

6.2 试管苗玻璃化的发生与控制

玻璃化是试管苗的一种生理失调症。植物材料进行立体繁殖时，有些组培苗的嫩茎、叶片出现半透明状和水渍状，这种现象称为玻璃化。玻璃化苗是在芽分化启动后的生长过程中，碳水化合物、氮代谢和水分状态等发生生理性异常所引起，它由多种因素影响和控制。

6.2.1 产生玻璃化的主要原因

(1) 激素浓度

高浓度的细胞分裂素有利于促进芽的分化，也会使玻璃化的发生比例提高。每种植物发生玻璃化的激素水平都不相同。有的品种在6-BA 0.5mg/L时就有玻璃化现象发生，如香石竹的部分品种。另一些种类在培养的特定阶段可以忍受较高的浓度，而在其他阶段的培养中，却只需要较低的浓度，如非洲菊只有在6-BA达5~10mg/L时才可能诱导花芽脱分化生产不定芽，而在不定芽的增殖时，6-BA的使用浓度只能在1mg/L左右。细胞分裂素与生长素的比例失调，细胞分裂素的含量显著高于两者的适宜比例，使组培苗正常生长所需的激素水平失衡，也会导致玻璃化的发生。

(2) 温度

温度主要影响苗的生长速度。温度升高时，苗的生长速度明显加快，温度达到一定限度后，会对正常的生长和代谢产生不良影响，促进玻璃化的发生；变温培养时温度变化幅度大，忽高忽低的温度变化容易在瓶内壁形成小水滴，增加瓶内湿度，提高玻璃化发生频率。

(3) 湿度

湿度包括瓶内的空气湿度和培养基的含水量。瓶内湿度与通气条件密切相关，通过气体交换瓶内湿度降低，玻璃化发生率减少。相反，如果不利于气体交换，瓶内处于不透气的高湿条件下，苗的生长快，玻璃化的发生频率也相对较高。一般来说在单位容积内，培养的材料越多，苗的长势越快，玻璃化出现的频率就越高。

(4) 培养基的硬度

培养基的硬度由琼脂用量决定。随着琼脂浓度的增加，玻璃化的比例明显降低，但琼脂过多时培养基太硬，影响养分的吸收，使苗的生长速度减慢。进行液体培养时，需通过摇床振荡通气，否则材料被埋在水中，很快就会玻璃化或窒息死亡。

(5) 光照时间

增加光照强度可以促进光合作用，提高碳水化合物的含量，使玻璃化的发生比例降低。光照不足再加上高温，极易引起组培苗的过度生长，加速玻璃化发生。

(6) 培养基成分

一般认为提高培养基中的碳氮比，可以降低玻璃化的比例。

6.2.2 控制试管苗玻璃化的措施

①利用固体培养，增加琼脂浓度，降低培养基的渗透势，造成细胞吸水阻遏。提高琼脂纯度，也可降低玻璃化发生频率。

②适当提高培养基中蔗糖含量或加入渗透剂，降低培养基的渗透势，减少培养基中植物材料可获得的水分，造成水分胁迫。

③降低培养容器内部环境的相对湿度。

④适当降低培养基中细胞分裂素和赤霉素的浓度。

⑤控制温度，适当低温处理，避免过高的培养温度。昼夜变温交替较恒温效果好。

⑥增加自然光照，玻璃苗放于自然光下几天后茎、叶变红，玻璃化逐渐消失，因自然光中的紫外线能促进试管苗成熟，加快木质化。

⑦增加培养基中钙、镁、锰、钾、磷、铁、铜含量，降低氮和氯比例。特别是降低铵态氮含量，提高硝态氮含量。

⑧改善培养容器的通风换气条件，如用棉塞或通气好的封口材料。

6.3 试管苗褐化的发生与控制

褐变是指在组培过程中，培养材料向培养基中释放褐色物质，致使培养基逐渐变成褐色，培养材料也随之慢慢变褐而死亡的现象。褐变的发生是外植体中的酚类化合物与多酚氧化酶作用被氧化成褐色的醌类化合物，醌类化合物在酪氨酸酶的作用下，与外植体组织中的蛋白质发生聚合，进一步引起其他酶系统失活，导致组织代谢紊乱，生长受阻，最终逐渐死亡。

6.3.1 引起褐变的原因

褐变受外植体本身、培养基及培养条件等方面的影响。

(1)种类和品种

在不同植物或同种植物不同品种的组培过程中，褐变发生的频率和严重程度存在很大的差异，一般木本植物更容易发生褐变现象，在已经报道的褐变作物中多数为木本植物，如美国红栌、鹅掌楸等。在蝴蝶兰组培的原球茎诱导阶段，褐变较生根培养时严重。此外，色素含量高的植物组培时也容易褐变。

(2)材料的年龄和大小

外植体的老化程度越高，其木质素的含量也越高，越容易褐变，成龄材料一般比幼龄材料褐变严重。外植体大小对褐变的影响，表现为小的材料更容易发生褐变，相对较大的材料则褐变较轻。切口越大，褐变程度越严重，伤口加剧褐变的发生。

(3)取材时间和部位

由于植物体内酚类化合物含量和多酚氧化酶的活性在不同的生长季节不相同，一般在生长季节含有较多的酚类化合物。在取材部位上存在幼嫩茎尖较其他部位褐变程度低的现象，木质化程度高的节段在进行药剂消毒处理后褐变现象更严重。一些种类如蝴蝶兰、香蕉等随着培养时间的延长，褐变程度会加剧，甚至超过一定时间不进行转瓶继代，褐变物的积累还会引起培养材料的死亡。

(4)光照

在取外植体前，如果将材料或母株枝条进行遮光处理，再切取外植体培养，能够有效地抑制褐变的发生。将接种后的初代培养材料在黑暗条件下培养，对抑制褐变发生也有一定的效果，但不如接种前处理有效。

(5) 温度

温度对褐变有很大的影响，温度高，褐变严重。

(6) 培养基

培养基成分和培养方式等对褐变的发生也有一定影响。

6.3.2 缓解和减轻褐变现象的措施

①外植体和培养材料进行 20~40d 遮光培养或暗培养，可以减轻一些种类的褐变程度。

②选择适宜的培养基，调整激素用量，控制温度和光照。

③在不影响正常生长和分化的前提下，尽量降低温度，减少光照。

④冬春季节选择年龄适宜的外植体材料进行组培，并加大接种数量。

⑤在培养基中加入抗氧化剂或其他抑制剂，如抗坏血酸、硫代硫酸钠、有机酸、半胱氨酸及其盐酸盐、亚硫酸氢钠、氨基酸等，可以有效地抑制褐变。

⑥加快继代转接的速度。

⑦添加活性炭等吸附剂（0.1% ~ 2.5%），是生产上常用的有效方法。

6.4 遗传变异与植物组培快繁的安全性

遗传稳定性即保持原有良种特性。植物组织培养中可获得大量植株，但通过愈伤组织或悬浮培养诱导的苗木，经常会出现一些体细胞变异个体，有些是有益的变异，更多的是不良变异。如观赏植物不开花、花小或花色不正常，果树不结果、抗性下降或果小、产量低、品质差等问题，在生产上造成很大损失，并容易引起经济纠纷，如香蕉试管苗中的不良变异表现为植株矮小、不结果。

6.4.1 影响无性系变异频率的因素

组培快繁过程中外植体的来源、培养基的组成、外植体的年龄和植株再生的方式等均与变异频率有关。

(1) 基因型

不同物种的再生植株的变异频率有很大差别。同一物种的不同品种无性系变异的频率也有差别。在花叶玉簪中，杂色叶培养的变异频率为43%，而绿色叶仅为1.2%。香龙血树愈伤组织培养再生植株全部发生变异。嵌合体植株通过组培，其嵌合性更大。单倍体和多倍体变异大于二倍体。同一植株不同器官的外植体对无性系变异率也有影响，在菠萝组织培养中，来自幼果的再生植株几乎100%出现变异，而冠芽的再生植株变异只有7%，似乎表明从分化水平高的组织产生的无性系比从分生组织产生的更容易出现变异。

(2) 外源激素

许多研究者指出，培养基中的外源激素是诱导体细胞无性系变异的重要原因之一。关于组培苗的多倍性与培养基中2,4-D之间的关系，既有正相关的报道，也有负相关的报道。Sunderland(1977)发现，在含有2,4-D的培养基中，纤细单冠菊的悬浮培养物在6个月之内可由完全二倍体状态变为完全四倍体状态。如果以 NAA 代替培养基中的2,4-D，这种变化就很慢。因此有人把2,4-D视为多倍性的一个直接诱导因素。

然而，Butcher 等在向日葵的组培苗中未能证实 2,4-D、NAA 或 IAA 对细胞多倍化的促进作用。根据这些研究，如果激素的作用浓度为 0.25mg/L，2,4-D 能增加多倍体细胞的有丝分裂，减少二倍体细胞的有丝分裂。但若激素的作用浓度为 20mg/L，2,4-D 则能促进二倍体细胞的分裂。在纤细单冠菊和一种野豌豆属植物悬浮培养中，2,4-D 浓度增加时可以有选择地淘汰倍性较高的细胞，从而增加二倍体细胞的数量。

与 2,4-D 相似，较高浓度的 NAA 也能有选择地促进二倍体细胞的有丝分裂。在含 0.02mg/L 激动素和 1mg/L NAA 的培养基上建立起来的纤细单冠菊幼苗愈伤组织，保存 80d 以后，其中多数细胞为二倍体，少数为四倍体，八倍体细胞十分罕见。Bennici 等发现，随着这两种生长调节物质浓度的升高，多倍体细胞有丝分裂的频率相应降低。这些作者断定，较低浓度的生长调节物质能够有选择地刺激多倍体细胞的有丝分裂，而较高浓度的生长调节物质则能抑制多倍体细胞的有丝分裂。

在高浓度的激素作用下，细胞分裂和生长加快，不正常分裂频率增高，再生植株变异也增多。

(3) 继代培养的时间

根据报道，试管苗的继代培养次数和时间影响植物稳定性，是造成变异的关键因素。一般随继代次数和时间的增加，变异频率不断提高。

朱靖杰报道，香蕉诱导不定芽产生，其变异率继代 5 次为 2.14%，10 次为 4.2%，20 次后则 100% 发生变异。因而香蕉继代培养不能超过 1 年。蝴蝶兰连续培养 4 年后植株退化，不开花，因此，要求原球茎 2 年更换一次茎尖。经长期继代培养的烟草愈伤组织再生植株，其花和叶不正常是很普遍的，而短期组培苗却未发现变异。各种变异发生的频率随组织培养时间的延长而提高。长期营养繁殖的植物变异率较高，有人认为这是由于在外植体的体细胞中已经积累着遗传变异。

(4) 再生植株的方式

离体器官发生有 5 种类型。以茎尖、茎段等发生丛生芽的方式繁殖不易发生变异或变异率极低。甘肃农业大学通过节培法繁殖名贵葡萄品种，经 5~8 年继代培养，其变异频率与常规方法相同，在数万株中仅发现 1 株变异。此外，用菊花茎尖、腋芽培养，变异较低，而从花瓣诱导变异较高。由花椰菜根诱导的不定芽和再生植株中有不少变异，而从顶端分生组织产生的 4000 个再生植株基本没有变异。通过愈伤组织和悬浮培养分化不定芽方式获得再生植株变异率较高，通过分化胚状体途径再生植株变异较少，通过茎尖或分生组织培养增殖侧芽可以保持基因型基本不变。

有些体细胞无性系变异可能发生在组织培养之前，在接种的外植体中包含了一些已经变异的细胞，这些细胞经过组织培养再生为变异的植株。在植物体细胞中经常出现的内多倍性，结果在二倍体植株的组织中包含一些多倍体细胞和非整倍体细胞，由它们再生出多倍体或非整倍体植株。

综上所述，以分化程度较高的组织或细胞作为外植体，在一定的植物激素浓度下诱导愈伤组织，并经过较长时间的继代培养，然后诱导分化出再生植株，有可能获得较高频率的体细胞无性系变异。

6.4.2 提高遗传稳定性、减少变异的措施

在进行植物组培快繁时，应尽量采用不易发生体细胞变异的增殖途径，以减少或避免

植物个体或细胞发生变异。如用生长点、腋芽生枝、胚状体繁殖方式，可有效地减少变异；缩短继代时间，限制继代次数，每隔一定继代次数后，重新开始接外植体进行新的继代培养；取幼年的外植体材料；采用适当的生长调节物质和较低的浓度；培养基中减少或不使用容易引起诱变的化学物质；定期检测，及时剔除生理、形态异常苗，并进行多年跟踪检测，调查再生植株开花结实特性，以确定其生物学性状和经济性状是否稳定。

项目 3
脱毒苗生产

任务 7　植物脱毒培养
任务 8　脱毒苗的鉴定

知识目标

1. 掌握植物微茎尖脱毒原理与方法。
2. 掌握植物热处理脱毒原理与方法。
3. 理解植物其他脱毒方法的机理与操作程序。
4. 掌握脱毒苗鉴定原理与方法。

技能目标

1. 能进行植物微茎尖脱毒技术的一般操作。
2. 会用植物热处理脱毒方法。

任务 7

植物脱毒培养

➡ 任务目标

掌握植物微茎尖脱毒培育技术；掌握植物热处理脱毒培育技术；理解植物其他脱毒培育技术。

➡ 任务描述

本工作任务要求学生在熟悉植物组织培养基本操作技术和器官组培快繁操作技术的基础上，掌握运用组织培养技术去除植物病毒危害，达到种苗脱毒复壮的目的，具体包括微茎尖脱毒培养技术和热处理脱毒培养技术，同时理解其他一些脱毒培养技术。

➡ 任务实施

1. 任务分析

生产上获取脱毒材料的方法较多，但茎尖脱毒培养法已成为植物无毒苗生产中应用最广泛的一种方法。因茎尖分生组织细胞分裂速度快于病毒繁殖速度，所以，茎尖分生组织中一般无病毒或只含有较低浓度的病毒颗粒。茎尖由顶端分生组织及其下的 1~3 个叶原基构成，大小约在 0.1~1mm 之间。在无菌条件下，如何对外植体进行消毒和准确剥离茎尖是获得脱毒苗的关键技术。

2. 材料与工具

×××感病植株、解剖镜、超净工作台、解剖刀、75% 乙醇、0.1% 升汞、吐温、接种针、镊子、无菌滤纸、无菌水。

3. 方法与步骤

生产上常采用营养枝的侧芽作为外植体。其程序为：材料选择与消毒→茎尖的剥离和接种→茎尖培养。

(1) 材料的选择与消毒

选材时以品种优良、植株健壮、无病虫害症状、商品性状好的优株作为取芽植株。取芽后逐层剥去叶片，剥到还剩 1~2 对幼叶时，用利刀切去茎段及叶梢，保留顶芽 1cm 左右，将其放在烧杯中用自来水冲洗 2 次，用滤纸吸干水分，然后在超净工作台上用 75% 乙醇消毒 10s，再用无菌水冲洗 3 次，迅速放入 0.1% 升汞溶液中，加入适量吐温，浸泡 8min 后再用无菌水冲洗 4 次，最后用无菌水浸泡备用。

(2) 茎尖的剥离和接种

在无菌条件下，将灭菌后的外植体放在 25~30 倍解剖镜下，先用针将顶芽固定在橡皮塞上，用解剖刀轻轻剥除外层嫩叶，茎叶交界处非常幼嫩，操作时注意不要将茎过早弄断，否则难以剥离。嫩叶剥去后，可见茎尖露出，用利刀切下 0.2~0.4mm 茎尖生长点，快速地转移到培养基上，为防止茎尖失水死亡，操作要非常熟练。

(3) 茎尖培养

将剥离的茎尖接种在初代培养基上，接种后的材料一般放到光照强度 1500~5000lx，光照时间 10~16 h/d，温度(25±2)℃的培养室。

→任务提交

1. 提交学生工作页；
2. 提交×××感病植株茎尖脱毒苗。

→相关知识

世界上受病毒危害的植物很多，像粮食作物中的水稻、马铃薯、甘薯等，经济作物中的油菜、百合、大蒜等，而园艺植物因常用无性繁殖方法繁殖苗木，故受病毒危害更为严重。当植物被病毒侵染后，常造成生长迟缓、品质变劣，产量大幅度降低。这是因为很多园艺植物采用无性繁殖方法，即利用茎(块茎、球茎、鳞茎、根茎、匍匐茎)、根(块根、宿根)、枝、叶、芽(内芽、珠芽、球芽、顶芽、腋芽、休眠芽、不定芽)等通过嫁接、分株、扦插、压条等途径来进行繁殖。病毒通过营养体传递给后代，使危害逐年加重，而且园艺植物产地比较集中，通常呈规模化集约栽培，易造成连作危害，加重了土壤传染性病毒和线虫传染性病毒的危害。

病毒病害与真菌和细菌病害不同，不能通过化学杀菌剂和杀菌素予以防治。无病毒苗的培育，无疑满足了农作物和园艺植物生产发展的迫切需要。自从20世纪50年代发现通过植物组织培养方法可以脱除染病植物的病毒，恢复种性，提高产量、质量，组织培养脱毒技术便在脱毒生产中得到广泛应用，且有不少国家已将其纳入常规良种繁育体系，有的还专门建立了大规模的无病毒苗生产基地。我国是世界上从事植物脱毒和快繁最早、发展最快、应用最广的国家，目前已建立了马铃薯、甘薯、草莓、苹果、葡萄、香蕉、菠萝、番木瓜、甘蔗等植物的无病毒苗生产基地，每年可提供几百万株各类脱毒苗。

组织培养无病毒苗的培育，在植物病理学上也有重要意义。它丰富了植物病理学的内容，从过去消极的砍伐病枝、销毁病株，到病株的脱毒再生，是一个积极有效的预防途径，并且对绿色产品开发、减少污染、保护环境、增进健康都具有长远的意义。

7.1 茎尖培养脱毒

7.1.1 茎尖培养脱毒的原理

White(1943)首先发现在感染烟草花叶病毒的烟草植株生长点附近，病毒的浓度很低甚至没有病毒，病毒含量随着植株部位及年龄而异。在这个启示下，Morel 等(1952)从感染花叶病毒的大丽菊分离出茎尖分生组织(0.25mm)培养得到的植株，嫁接在大丽菊实生砧木上检验为无病毒植株，从此茎尖培养就成为解决病毒病的一个有效途径。

茎尖培养之所以能除去病毒是由于病毒在感染植株上分布不一致，一般成熟的组织和器官病毒含量较高，而未成熟的组织和器官病毒含量较低，生长点(0.1~1.0 mm 区域)则几乎不含或含病毒很少，主要有三个原因：一是病毒在寄主植物体内主要靠维管束传播，茎尖分生组织没有维管束，无法传播；二是病毒还可以通过胞间连丝进行传播，但其传播速度远远赶不上茎尖分生组织的生长速度；三是茎尖分生组织中存在高浓度的内源生长素，抑制病毒的增殖。

不同植物以及同一植物要脱去不同的病毒所需茎尖大小是不同的。通常茎尖培养脱毒效果的好坏与茎尖大小呈负相关，即切取茎尖越小，脱毒效果越好；而培养茎尖成活率的高低则与茎尖的大小呈正相关，即切取茎尖越小，成活率越低。所以，具体应用时既要考虑脱毒效果，又要考虑其提高成活率。一般切取 0.2~0.3mm，带 1~2 个叶原基的茎尖作为培养材料较好。

7.1.2 茎尖培养脱毒的方法

茎尖脱毒一般包括以下三个环节：取材与消毒、茎尖剥离与接种、培养。

(1) 取材与消毒

取材可在春秋两季，选择田间生长旺盛、健康或患病较轻的植株，摘取 2~3cm 长新梢，去掉较大叶片，用自来水冲洗片刻即可消毒。对于多年生植物，休眠的顶芽和腋芽也可作为试验材料。植物茎尖分生组织有彼此重叠的叶原基严密保护，是高度无菌的，但必须对芽进行表面消毒。

消毒一般在超净工作台或无菌室内进行，先把材料浸入 70% 乙醇，30s 后用 10% 漂白粉上清液或 0.1% 升汞消毒 10~15min，消毒时可上下摇动，使药液与材料表面充分接触，达到彻底杀菌，最后再用无菌水冲洗 3~5 次，然后即可剥离茎尖。

(2) 茎尖剥离与接种

将消毒好的材料放到垫有无菌滤纸的培养皿中，置于双目解剖镜下，用解剖针仔细剥离幼叶和叶原基，待露出一个呈闪亮半圆球形的茎尖时，切取 0.1~0.2mm 大小，仅留 1~2 个叶原基的茎尖分生组织，立即挑入培养基上。

(3) 培养

茎尖分化增殖所需时间因外植体大小而异，一般需培养 3~4 个月，中间要转换 3~4 次新鲜的培养基，由茎尖长出的新芽，常常能在原来的培养基上生根，也有些植物不能生根，需要经过生根诱导，具体方法是把 2~3cm 高的无根试管苗转入生根培养基中，1~2 个月后长出不定根。

茎尖脱毒培养繁育程序见图 7-1。

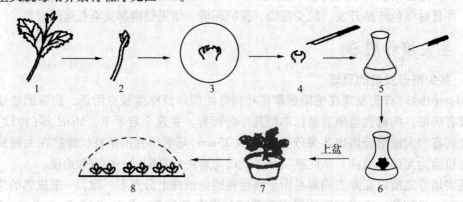

图 7-1 茎尖脱毒培养繁育程序
1. 采样　2. 去外叶　3. 剥离茎尖　4. 切取分生组织
5. 茎尖培养　6. 茎尖再生植株　7. 病毒鉴定　8. 防虫网内繁殖脱毒苗

7.2 热处理脱毒

7.2.1 热处理脱毒的原理

1889年，印度尼西亚爪哇有人发现，将患枯萎病的甘蔗（现已知为病毒病），放在50~52℃的热水中保持30 min，甘蔗就可去病生长良好。这个方法被广泛应用于甘蔗种植中，现在世界上很多甘蔗生产国，每年在栽种前把几千吨甘蔗切段放在大水锅里进行处理。

热处理之所以能去除病毒，主要是利用某些病毒受热以后的不稳定性，而使病毒钝化，失去活性。这是因为病毒和植物细胞对高温的忍耐性不同，高温可延缓病毒扩散速度和抑制其增殖，不能生成或生成很少，以致病毒浓度不断降低，持续一段时间，病毒即自行消失，而植物茎尖不受伤害，从而达到脱毒的目的。

7.2.2 热处理脱毒的方法

热处理方法有两种：热水浸泡和高温空气处理。

热水浸泡处理是将剪下的接穗或植物材料，在50℃的热水中浸泡数分钟或数小时，可使病毒失活，但易使材料受损伤，水温到55℃时则大多数植物会被杀死。此法适合甘蔗、木本植物和休眠芽。

高温空气处理是让感病植物在35~40℃热空气中生长发育，达到脱除病毒的目的。处理时间的长短因病毒种类不同可由数分钟到数周不等。热处理之后要立即把茎尖切下来嫁接到无病的砧木上。该方法对活跃生长的茎尖效果较好，既能消除病毒，又能使寄生植物有较高的存活机会。目前热处理大多采用这种方法（图7-2）。

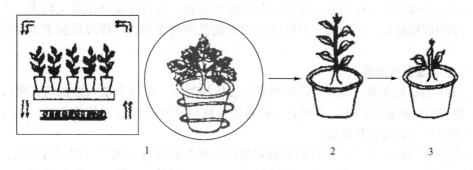

图7-2 热处理脱毒
1. 热处理38℃　2. 切取嫩梢(1.5~20cm)　3. 嫩梢嫁接

应用热处理消除病毒的一个主要限制在于并非所有病毒都对热处理敏感。热处理只对那些球状的病毒（如葡萄扇叶病毒、苹果花叶病毒）或线状的病毒（如马铃薯X病毒、Y病毒，康乃馨病毒）有效果，而对杆状病毒（如牛蒡斑驳病毒、千日红病毒）不起作用。所以，热处理也不能除去所有的病毒，同时处理效果也不一致。

7.3 其他组织培养脱毒方法

7.3.1 热处理结合茎尖培养脱毒

将热处理与茎尖分生组织培养结合起来，则可以取稍大的茎尖进行培养，这样能够大大提高茎尖的成活率和脱毒率。

尽管茎尖分生组织常常不带病毒，但不能把它看成是一种普遍现象。研究表明，某些病毒实际上也能侵染正在生长中的茎尖分生区域。如在菊花中，由0.3~0.6mm长茎尖的愈伤组织形成的全部植株都带有病毒。已知能侵染茎尖分生组织的其他病毒有烟草花叶病毒(TMV)、马铃薯X病毒以及黄瓜花叶病毒(CMV)。Quak(1957,1961)将康乃馨用40℃高温处理6~8周，以后再分离1mm长的茎尖培养，则成功地去除了病毒。所以，热处理和茎尖培养结合，可以更有效地达到脱毒的目的。

热处理可在切取茎尖之前的母株上进行，即在热处理之后的母体植株上，切取较大的茎尖(长约0.5mm)进行培养。也可先进行茎尖培养，然后再用试管苗进行热处理，也可获得较多的无病毒个体，但是热处理结合茎尖培养脱毒法的不足之处是脱毒时间相对延长。

7.3.2 微体嫁接

微体嫁接是组织培养与嫁接方法相结合来获得无病毒苗木的一种新技术。它是将0.1~0.2mm的茎尖作为接穗，嫁接到由试管中培养出来的无菌实生砧木上，继续进行试管培养，愈合成为完整的植株。

对于某些营养繁殖难以生根的植物种类或品种，可以借助于试管微体嫁接方法，解决茎尖培养过程中生根难的问题，同时因为采用茎尖分生组织作接穗，获得的便是无病毒植株。

影响微体嫁接成活的因素主要是接穗的大小。试管内嫁接成活的可能性与接穗的大小呈正相关，而无病毒植株的培育与接穗茎尖的大小呈负相关。所以，为了获得无病毒植株，可以采用带有2个叶原基的茎尖分生组织作接穗。微体嫁接技术难度较大，不易掌握，与实际应用还有一定距离。但随着新技术的发展与完善，微体嫁接技术也会有很大发展。

7.3.3 抗病毒药剂脱毒

近年来的研究表明，在茎尖培养和原生质体培养中，在培养基内加抗病毒醚(ribavirin)，能抑制病毒复制。抗病毒醚是一种对脱氧核糖核酸(DNA)或核糖核酸(RNA)具有广谱作用的人工合成核苷物质。

山家弘士(1986)为了探讨抗病毒醚对脱除苹果茎沟病毒的效果，用加有抗病毒醚的培养基，对感染苹果茎沟病毒的试管苗进行培养。检测结果表明，加用抗病毒醚的培养基，继代培养80d以上的试管苗，不管抗病毒醚浓度高低都脱除了病毒。抗病毒醚对苹果退绿叶斑病毒(ACLSV)和苹果茎沟病毒(ASGV)，都有抑制其增殖效果。

对于抗病毒药剂的应用效果，因病毒种类不同而有差异。目前用此法也不可能脱除所有病毒，如果使用不当，药害现象比较严重，此种脱毒处理还处于探索阶段。

→ 拓展知识

茎尖分生组织培养

茎尖分生组织培养是切取茎的先端部分(小至10μm到几十微米的茎尖分生组织部分)进行无菌培养，使其发育成完整植株的过程。1922年，Kotte和Robbins切取豌豆、玉米、棉花茎尖，接种在含有无机盐、葡萄糖和琼脂的培养基上培养成苗，开始了最早应用茎尖进行组织培养的研究。由于茎尖分生组织培养方法简便，繁殖迅速，且茎尖遗传性比较稳定，易保持植株的优良性状，因此在基础理论研究和实际应用中具有重要价值。

茎尖组织培养可以严格控制和调节适宜的营养、激素、温度、光照等条件，使许多在常规条件下无法生长和繁殖的植物材料顺利扩繁。1960年，Morel最早应用茎尖组织培养繁殖兰花，克服了兰花种子繁殖速度慢且不能稳定地保持原来品种特性的不足，在美国、欧洲及东南亚许多国家和地区用组织培养的方法大量生产兰花，开创了著名的兰花工业(orchid industry)。又如菊花中的"绿牡丹"这一罕见的绿色品种，因其难以繁殖，一直被认为是菊花中之珍品，应用茎尖培养可快速扩繁优良种苗。迄今为止，几乎所有的植物均可通过茎尖培养途径快速繁殖。

1. 材料的准备

茎尖培养在植物组织培养中应用最早，也是组织培养中应用较多的一个取材部位。由于茎尖形态已基本建立，进行培养生长速度快，繁殖率高，因此在无性繁殖植物的快速繁殖上应用广泛。一般来说，带有叶原基的茎尖易于培养，成苗快，培养时间短。但要获得无病毒植株，理论上茎尖越小越好。如0.1mm以下的生长点，去病毒效果较好，但成活率低，培养时间要延长至1年或更长时间。实际应用时，根据病毒种类不同切取0.1~1mm大小的生长点，即可获得无病毒植株。

培养用的茎尖组织，以取自田间或盆栽植物的材料为宜，因其节间长，生长点组织也大，容易分离。番茄可取10d左右苗龄植株的茎尖，带1个叶原基，约0.3mm大小。薯芋类、球根类常沙培或基质培养后采其萌芽。石刁柏、兰花、菊花、草莓等可直接切取茎尖培养。

在植物茎尖培养中，对一些难以灭菌的材料也可先将种子消毒灭菌，获得无菌苗，然后用无菌苗获取无菌芽或生长点。

2. 材料的消毒

组织培养用的茎尖多取自田间，材料视其清洁程度，先用自来水流水冲洗5min，然后用中性洗衣粉（液）清洗，注意勿伤试验用茎尖。再用自来水流水冲洗30min，以备消毒。茎尖灭菌前严格清洗，先用70%乙醇浸3~5min，去除乙醇，再用0.1%~0.2%升汞加1~2滴吐温-20，浸泡8~10min后倒出。消毒完毕，用无菌蒸馏水冲洗3~4次，准备接种培养。

3. 组织片的分离

茎尖培养中茎尖组织片分离的难易，首先与植物种类有关。马铃薯、百合为半球形，比较大，容易分离；大丽菊、泡桐其叶原基一直着生到生长点附近，要分离不带叶原基的生长点较难；草莓茎随着生长进入先端渐次凹陷，致使生长点难以分离；菊花的叶原基有毛密生缠绕，生长点小，不易剥离。其次，因茎尖培养目的不同所取茎尖大小各异，因此茎尖分离难易也有差异。茎尖越小，脱毒效果越好，但成苗率越低。应用时既要考虑脱毒效果，又要提高成活率，故一般切取0.2~0.5mm。但若不脱毒，仅利用茎尖进行快速繁殖，茎尖可大一些，甚至可带2~3片幼叶，分离也容易操作。

切取茎尖时，多在解剖镜下操作。左手拿解剖针，从茎切口刺入，右手握紧解剖刀，借助解剖镜将幼叶或叶原基切除，使生长点裸露出来，按预定要求大小切取分离生长点附近组织即可。也可将材料置于灭过菌的载玻片或滤纸上，两手持解剖针、小刀、镊子等按上述方法除掉叶原基。分离的生长点组织，切口朝下接种在培养基上，分离时注意勿使茎尖受伤，动作要快捷。

不同植物茎尖培养时，茎尖分离方法大同小异。如薄荷、草石蚕等双子叶植物，先切下一段3~5cm长正生长的芽，去掉一些肉眼可视较大叶片，消毒后，在解剖镜下，剥除生长点外围叶片，直至剥出晶莹发亮的光滑圆顶为止。然后用解剖刀在生长点周围作4个彼此成直角的切口，再从切口部取下生长点圆顶。此时的圆顶不带叶原基，大小不超过0.2~0.5mm。水稻、小麦等单子叶植物茎尖的分离与双子叶植物基本相同，只是禾本类单子叶植物茎尖外面常有叶鞘包裹，所以取材时连同叶鞘一起取下，再按上述方法剥取茎尖。

4. 培养基

正确选择培养基，可以显著提高茎尖组织培养的成苗率。培养基是否适宜，主要取决于它的营养成分、生长调节物质和物理状态。目前，多采用 MS 培养基进行茎尖培养，培养基中碳源一般用 2%～4% 蔗糖或葡萄糖。

茎尖组织培养时，植物激素种类与浓度的配比对茎尖生长及发育具有重要作用。由于双子叶植物中植物激素可能是在第二对最幼嫩的叶原基中合成的，所以茎尖的圆顶组织生长激素不能自给，必须供给适宜浓度的生长素与细胞分裂素。在生长素中应避免使用易促进愈伤组织化的 2,4-D，宜换用稳定性较好的 NAA 或 IAA。此外，GA_3 在一些植物的茎尖培养中也有一定作用。如大丽花茎尖培养中，加入 0.1mg/L GA_3 能抑制愈伤组织的形成，有利于更好地生长和分化，需要注意的是：不同植物的茎尖对植物激素的反应各不相同，需反复试验并配以综合培养条件才能取得理想的效果。

茎尖组织培养既可使用液体培养基，又可采用固体培养基。More1 用 16mm 的试管，以 1～2r/min 的速度进行液体旋转培养，由于可阻止生长中的材料出现极性，减少从切片组织排出的有害物质，提高通气性，增加呼吸和氧化吸收的作用，因此较固体培养效果好。但由于固体培养操作便利，培养条件易控制，故茎尖组织培养仍以固体培养基应用最多。

5. 培养条件

(1) 温度

茎尖组织培养时，温度控制主要依植物种类、起源和生态类型来决定。茄科、葫芦科、兰科、蔷薇科、禾本科等喜温性植物，温度一般控制在 26～28℃；十字花科、百合科、菊科等冷凉性植物，温度宜控制在 18～22℃。茎尖培养周期中采用恒温培养好还是变温培养好，则因植物种类而异。如石刁柏茎尖培养，保持恒温 27℃，对幼芽分化和生根有利。通常情况下，大多数离体茎尖培养均置于恒定的培养室温度下进行，仅是设定温度不同。

(2) 光照

茎尖组织培养中，光培养的效果通常比暗培养好。Dale (1980) 在多花黑麦草中发现，光照下 (6000lx) 培养的茎尖 59% 能再生植株，而暗培养的仅有 34% 成苗。马铃薯茎尖培养初始阶段最适光强为 100lx，4 周后应增加至 200lx，当幼茎长至 1cm 高时，光强则骤增至 4000lx。但也有例外，如天竺葵茎尖培养则需要一个完全黑暗的时期，这可能有助于减少多酚类物质对成苗的抑制作用。

(3) 湿度

由于茎尖组织培养与其他器官培养类似，在培养组织周围微环境中（试管、三角瓶）相对湿度常达到 100%，培养瓶以外环境的相对湿度没有直接影响，因此应用时常忽略对培养环境的湿度调控。但实际上，周围环境的相对湿度对培养基水分、细菌生长等有间接影响，从而制约了茎尖培养的顺利进行。空气相对湿度过低，培养基易干涸，则培养基渗透压会改变，从而影响培养组织、细胞的脱分化、分裂和再分化等；环境湿度过高，各种细菌、霉菌易滋生，其芽孢和孢子侵入培养瓶，造成培养基和培养材料污染。一般周围环境相对湿度为 70%～80% 较宜。

任务 8
脱毒苗的鉴定

➡任务目标

理解指示植株鉴定方法；了解其他一些病毒鉴定方法；掌握无病毒苗木的保存与运用技术。

➡任务描述

脱毒苗的鉴定是指将受病毒侵染的植株通过微茎尖或热处理脱毒技术处理后，运用先进的、科学的鉴定技术检测植株是否残留病毒，以达到培育无病毒植株的目的，重点介绍指示植株鉴定法，同时介绍一些其他的病毒鉴定方法。

➡任务实施

1. 任务分析

脱毒技术繁殖的试管苗在大规模生产前，必须通过鉴定，确定其无毒苗，保证为生产提供真正的无病毒苗木。

2. 材料与用具

×××脱毒苗、指示植物千日红、金刚砂、0.1mol/L 磷酸缓冲液、研钵。

3. 方法与步骤

取样→接种→培养→观察

(1) 取样

从待测×××脱毒苗取 8~10 个叶片，置于等容积的 0.1mol/L 磷酸缓冲液中，研磨均匀。

(2) 接种

在指示植物千日红的叶片上撒少许 600 目金刚砂；同时将待测×××脱毒苗的叶汁涂在指示植物上，稍微摩擦，力度以指示植物叶片表面细胞受到侵染但又不要损伤叶片为宜。

(3) 培养

5min 后用水将叶片上的汁液轻轻冲洗干净，将指示植物放到防虫网室内培养，培养温度为 20~24℃，株间与其他植物间要留一定距离。

(4) 观察

1 周或几周后，每天仔细观察指示植物接种叶片的生长情况，甄别叶片是否出现×××植物病毒症。

➡任务提交

1. 提交学生工作页；

2. 提交×××脱毒苗病毒鉴定结论。

→ **相关知识**

采取各种脱毒技术获得脱毒苗后，其植株是否真正脱毒，必须经过严格的鉴定和检测，确认为无病毒存在，方可进行扩大繁殖，推广到生产上作为无毒苗应用。检测的方法有多种，常用方法有指示植物鉴定法、抗血清鉴定法、电子显微镜鉴定法和酶联免疫测定法。

8.1 指示植物鉴定法

这是利用病毒在其他植物上产生的枯斑作为鉴别病毒种类的标准，也叫枯斑和空斑测定法。这种专门选用以产生局部病斑的寄主即为指示植物，又称鉴别寄主。它只能用来鉴定靠汁液传染的病毒。

指示植物法最早是由美国的病毒学家 Holmes(1929) 发现的。他用感染 TMV 的普通烟草的粗汁液和少许金刚砂相混，然后在心叶烟(一种寄主植物)的叶子上摩擦，2~3d 后叶片上出现了局部坏死斑。由于在一定范围内，枯斑数与侵染性病毒的浓度呈正比，且这种方法条件简单，操作方便，故一直沿用至今，仍为一种经济而有效的检测方法。

病毒的寄主范围不同，所以应根据不同的病毒选择适合的指示植物。此外，要求所选的指示植物一年四季都可栽培，并在较长时期内保持对病毒的敏感性，容易接种，在较广的范围内具有同样的反应。指示植物一般有两种类型，一种是接种后产生系统性症状，病毒可扩展到植物非接种部位，通常没有明显局部病斑；另一种是只产生局部病斑，常表现出坏死、失绿或环斑。

方法是取被鉴定植物 1~3 个幼叶，在研钵中加 10mL 水及少量磷酸缓冲液(pH7.0)，研碎后用两层纱布滤去渣滓，再在汁液中加入少量的 27~32μm 金刚砂作为指示植物的摩擦剂，使叶面出现小的伤口，而不破坏表面细胞。然后用棉球蘸取汁液在指示植物叶面上轻轻涂抹 2~3 次进行接种，后用清水冲洗叶面。接种时也可用手指涂抹，或用纱布垫、海绵、塑料刷子及喷枪等来接种。接种工作应在防蚜温室中进行，保温 15~25℃，接种后 2~6d 可见到症状出现。

多年生木本果树植物及草莓等无性繁殖的草本植物，采用汁液接种法比较困难，通常采用嫁接接种的方法，即以指示植物作砧木，被鉴定植物作接穗．可采用劈接、靠接、芽接、叶接等方法嫁接，其中以劈接法为多。

8.2 抗血清鉴定法

植物病毒是由蛋白质和核酸组成的核蛋白，因而是一种较好的抗原，给动物注射后会产生抗体，这种抗原和抗体所引起的凝集或沉淀反应叫作血清反应。抗体是动物在外来抗原的刺激下产生的一种免疫球蛋白，抗体主要存在于血清中，故含有抗体的血清即称为抗血清。由于不同病毒产生的抗血清都有各自的特异性，因此用已知病毒的抗血清可以鉴定未知病毒的种类。这种抗血清在病毒的鉴定中成为一种高度专化性的试剂，且其特异性高，检测速度快，一般几小时甚至几分钟就可以完成。血清反应还可以用来鉴定同一病毒的不同株系以及测定病毒浓度的大小。所以，抗血清法成为植物病毒鉴定中最有用的方法之一。

抗血清鉴定法要进行抗原的制备,包括病毒的繁殖、病叶研磨和粗汁液澄清等过程。血清可以分装在小玻璃瓶中,贮存在 -25 ~ -15℃ 的低温冰箱中,有条件的可以冻制成干粉,密封冷冻后长期保存。测定时,把稀释的抗血清与未知的病毒植物在小试管内混合,这一反应导致形成可见的沉淀,然后根据沉淀反应来鉴定病毒。

8.3 电子显微镜鉴定法

现代电子显微镜的分辨能力可达 0.5nm,因此利用电子显微镜观察,比生物学鉴定更直观,而且速度更快。主要方法是直接用病株粗汁液或用经纯化的病毒悬浮液和电子密度高的负染色剂混合,然后点在电镜铜网支持膜上观察,也可将材料制作成超薄切片,然后分别在 1500 倍、2000 倍、3000 倍显微镜下观察,能够清楚地看到细胞内的各种细胞器中有无病毒粒子存在,并可得知有关病毒粒体的大小、形状和结构,由于这些特征是相当稳定的,如果取材时期合适,鉴别准确,故对病毒鉴定是很重要的。尤其对不表现可见症状的潜伏病毒来说,血清法和电镜法则是唯一可行的鉴定方法。在实践中也往往将几种方法连用,以提高检测的可信度。

由于电子的穿透力很低,样品切片必须很薄,10~100nm 厚。通常做法是将包埋好的组织块用玻璃刀或金刚刀切成 20nm 的薄片,置于铜载网上,在电子显微镜下观察。能否观察到病毒,还取决于病毒浓度的高低,浓度低则不易观察到。总之,电子显微镜鉴定法是目前较为先进的方法,但需一定的设备和技术。

8.4 酶联免疫测定法

酶联免疫测定法是近年来发展应用于植物病毒检测的新方法,它具有极高的灵敏度、特异性强、安全快速和容易观察结果的优点。

酶联免疫测定法的原理是把抗原与抗体的免疫反应和酶的高效催化作用结合起来,形成一种酶标记的免疫复合物。结合在该复合物上的酶,遇到相应的底物时,催化无色的底物产生水解,形成有色的产物,从而可以用肉眼观察或用比色法定性、定量判断结果。

该方法操作简便,无需特殊仪器设备,结果容易判断。而且可以同时效测大量样品,近年来,广泛地应用于植物病毒的检测上,为植物病毒的鉴定和检测开辟了一条新途径。

➡ 拓展知识

脱毒苗的保存

经过复杂的分离培养程序以及严格的病毒检测获得的脱毒苗是十分不易的,所以一旦培育出来,就应很好地隔离保存。脱毒试管苗出瓶移栽后的苗木被称作原原种,一般多在科研单位的隔离网室内保存;原原种繁殖的苗木称作原种,多在县级以上良种繁育基地保存;由原种繁殖的苗木作为脱毒苗提供给生产单位栽培。这些原原种或原种材料,保管得好可以保存利用 5~10 年,在生产上可以经济有效地发挥作用。

脱毒苗本身并不具有额外的抗病性,它们有可能很快又被重新感染。为此,通常脱毒的原种苗木应种植在隔离网室中,以使用 32~36μm 的网纱罩棚为好,可以防止蚜虫的进入。栽培床的土壤应进行消毒,周围环境也要整洁,及时打药。附近不得种植同种植物以及可互相侵染的寄主植物,保证材料在与病毒严密隔离的条件下栽培。有条件的地方,可以在合适的海岛或高冷山地繁殖无病毒材料。因为这些地区气候凉爽,虫害少,有利于无病毒材料的生长繁殖。

项目 4
组培生产与应用

任务 9　林木组培生产与应用
任务 10　观赏植物组培生产与应用
任务 11　药用植物组培生产与应用

知识目标
1. 了解组培技术在种苗生产上的应用现状。
2. 掌握种苗组培生产技术流程。
3. 掌握部分林木组培生产应用技术。
4. 掌握观赏植物组培生产应用技术。
5. 掌握部分药用植物组培生产应用技术。

技能目标
1. 能掌握组织培养基本操作技术流程。
2. 会运用组培技术从事林木种苗生产。
3. 会运用组培技术从事观赏植物种苗生产。
4. 会运用组培技术从事药用植物种苗生产。

任务 9

林木组培生产与应用

➡ 任务目标

熟悉桉树的组培快繁生产技术；熟悉杨树组培快繁生产技术。

➡ 任务描述

本项目任务是培养学生在熟练掌握组织培养基本操作流程，运用组培技术手段解决林木种苗生产上的实际问题，包括林木组织培养培养基的研制与开发、外植体的选择与灭菌技术、无菌接种技术、试管苗炼苗与移栽管理等，达到良种快速繁殖、复壮的目的。

➡ 任务实施

一、桉树组培快繁生产

桉树被誉为世界三大速生树种之一，它具有材质坚硬、速生丰产等特性；特别是幼林期生长快，适于营造短周期轮伐的工业用材林，提高造林的经济效益。桉树是我国南方主要的速生丰产造林树种之一。但因为桉树树种间天然杂交容易，常产生杂种现象，后代严重分离，用有性繁殖方法很难保持优树的特性，用传统的方法也较难在短时间内大量繁殖出桉树的优良无性系，无法满足生产用苗需要。

1. 无菌培养物的建立

（1）外植体选择和预处理

幼嫩茎段、叶柄、叶片、腋芽、顶芽、种子均可作为外植体。生产上一般用幼嫩茎段作为外植体。将采集回来的桉树茎段，切成长约3～5cm小段，用自来水冲洗，也可加少许洗衣粉或洗涤液在自来水下冲洗，时间视外植体的干净程度而定。

（2）外植体消毒与培养

在无菌条件下，一般以70%～75%乙醇消毒数秒后，再用0.1%氯化汞消毒5～10min，然后用无菌水冲洗3～5次。将消毒后的茎段作为外植体，接种于初代培养基 MS + 6-BA 0.5～1.0mg/L + NAA 0.1～0.5mg/L上。初代接种可按照一个培养瓶接种1个外植体，这样可提高无菌材料获得率。材料接种后置于(25 ± 2)℃的培养室内，光照时间13h/d，光照强度2000～3000lx。

2. 继代增殖培养

接种后，经30d左右培养，每个外植体可形成1个或多个芽。在无菌条件下，将这些丛生芽中较大的个体切割成长0.5～1cm的苗段，较小的个体分割成单株或丛芽小束，再转接到改良MS培养基 + 6-BA 0.4 mg/L + NAA 0.2 mg/L + 蔗糖 30g/L增殖培养基上，经30d左右培养后又可诱导出大量密集的丛生芽。如此反复分割和继代增殖，即可在较短时间内获得数目巨大的丛芽（无根苗）。

3. 生根培养

将桉树继代苗分割成长1～2cm带顶芽的无根苗后，转接到改良 MS + ABT_6 0.6 mg/L + IBA 0.2 mg/L + NAA 0.1 mg/L + 蔗糖 15 g/L 生根培养基

上。一般12d左右发根，21d后大部分生根，根长1~2cm。

4. 试管苗炼苗移植

桉树试管生根苗长至3~4cm时即可出瓶移植，移植前可在移植棚内揭开瓶盖2~3d，让试管生根苗接受一定的光照和温、湿度锻炼，或移植前在炼苗室炼苗7d左右。将试管生根苗取出，放置在盛有清水的盆中，将根部的培养基彻底洗净，以免真菌或细菌大量繁殖而使幼苗死亡(因为残留的蔗糖和营养会成为潜在的致病微生物的生长培养基，洗不净容易引起移栽苗烂根死亡)。为降低成本和提高工效，可采取直接移苗到装有培养基质的营养袋或容器上，只要充分注意培养基质的成分配比，移植苗成活率可达70%以上。移植初期的小苗对空气湿度很敏感，容易产生顶梢和叶子萎蔫现象，此种现象一出现，就难以恢复正常生长，并大大降低移栽成活率。因此，试管苗定植后，要淋透水，并设塑料拱棚保湿(保持空气湿度在85%以上，温度25~30℃)。用70%的遮阳网搭荫棚，以避免直射阳光暴晒，并防止膜罩内温度过高。移植后15~20d即可揭膜罩(如冬季或早春移苗可延长罩膜时间)。30d后可把荫棚拆掉，让幼苗逐步适应自然条件，并加强水肥管理和病、虫、草害防治。经2~3个月精细管理，苗高15~20cm时即可用于造林。

二、毛白杨组培快繁生产

毛白杨(Populus tomentosa)属杨柳科(Salicaceae)杨属(Populus)，是我国特有树种，扦插生根困难，扦插繁殖成活率低；采用嫁接、压条或埋根等手段进行无性繁殖，不仅用材多，费工费时，而且成活率低，繁殖系数不大。试管快繁对于毛白杨来说，无论在理论上和生产实践上均具有重要意义。目前，毛白杨的组培快繁技术已在造林育苗的生产实践中推广应用。

1. 无菌培养体系的建立

毛白杨在初代培养时一般采用休眠芽作为外植体，取当年形成的直径5mm左右的枝条，用解剖刀切成长度为1.5~2.0cm的节段，每个节段带1个休眠芽。将切段先用自来水冲洗干净，再用70%乙醇消毒约30s，倒掉乙醇后，立即用无菌水冲洗1次，然后用5%次氯酸钠溶液消毒7~8min，最后用无菌水冲洗3~4次，用无菌滤纸吸去残留水分，在超净工作台上或无菌室内剥取茎尖，接种到MS + 6-BA 0.5mg/L + 水解乳蛋白100mg/L培养基上，每瓶(或每管)只接种1个茎尖。经5~6d后，将未污染的茎尖再转接到诱导分化培养基MS + BA 0.5mg/L + NAA 0.2mg/L + 赖氨酸100mg/L + 2%果糖上。培养室温度25~27℃，日光灯连续照光，光照强度为1000 lx，经2~3个月培养，部分茎尖即可分化出芽。

2. 继代增殖与生根培养

(1) 茎切段生芽扩大繁殖法

将茎尖诱导出的幼芽从基部切下，转接至MS(盐酸硫胺素用量为10 mg/L) + IBA 0.25mg/L + 1.5%蔗糖生根培养基上。培养1.5月左右，即可长成带有6~7个叶片的完整小植株。选择其中一株健壮的小苗进行切段繁殖，以建立无性系。顶端带2~3片叶，其他各段只带1片叶，转接到生根培养基上。6~7d后可见到有根长出，10d后，根长可达1~1.5cm。待腋芽萌发并伸长至带有6~7片叶片时，再次切段繁殖。如此反复循环，即可获得大批的试管苗。此后，每次切段时将顶端留作再次扩大繁殖使用，下部各段生根后则可移栽。

(2) 叶切块生芽扩大繁殖法

先用茎切段法繁殖一定数量的带有6~7个叶片的小植株，截取带有2~3个展开叶的茎段仍接种到上述切段生根培养基上，作为以后获取叶外植体的来源。其余每片叶从基部中脉处切取1~1.5cm²并带有约0.5cm长叶柄的叶切块转接到诱导培养基MS + ZT 0.25 mg/L + 6-BA 0.25mg/L + IAA 0.25 mg/L + 3%蔗糖 + 0.7%琼脂。转接时，注意使叶切块背面与培养基接触。约经10d培养，即在叶柄切口处有芽出现，之后逐渐增多成簇。每个叶切块可获得20多个丛芽。将这些丛芽切下，转接到与茎切段繁殖法相同的生根培养基上，经10d培养，根的长度可达1~1.5cm，此时即可移栽。

3. 炼苗移栽

将生根后的幼苗移至温室，置于自然光照下，经过15~20d锻炼，使幼苗健壮并木质化，以便适应外界环境。将试管苗从瓶中取出，用自来水洗净根部培养基，然后将苗栽植在穴盘中。移植时将土埋到根茎之交处，移植苗生长最为正常。基质可以是等量混合的壤土、泥炭、沙子，也可用MS配方中的大量元素浸润过的蛭石作基质。移植时基质必须进行消毒，通常用0.4%硫酸亚铁溶液处理土壤。湿度是移植中很重要的因子，可以搭小拱棚保湿，初始光照最好与培养室接近，保持温度16～20℃，相对湿度80%以上。5d后去掉塑料薄膜，经过10～30 d 精心管理便可移栽至大田。试管苗移入土中能否成活的因素是复杂的，在春秋两季移植成活率高，冬夏会略微偏低。

→ 任务提交

1. 提交学生工作页；
2. 提交桉树和毛白杨组培继代、生根苗。

→ 拓展知识

桉树组培的关键问题

桉树组培作为桉树无性快繁中重要的一环，其影响因子复杂多变，主要有污染、褐变、玻璃化现象、继代苗的遗传变异。如何解决桉树组培过程中存在的问题已成为桉树优良无性系推广利用的关键。

一、污染问题发生及控制

污染一般分为真菌性污染和细菌性污染，其来源可分成三大类：一是材料带菌，二是接种污染，三是培养过程感染。污染是桉树组织培养过程中的难题，对组培苗的工厂化生产造成很大的损失，如何控制桉树组培的污染问题已成为桉树组培工厂化育苗的关键。

1. 外植体消毒与接种

诱导培养的关键在于外植体是否消毒彻底以及被损伤，这取决于以下几个方面：①外植体的自身生理情况。桉树的初代培养一般以带芽茎段作为外植体来诱导腋芽萌发，选取木质化程度适中、生命力旺盛的枝条，桉树无性系采穗圃里当年生的健壮枝条，或成年植株的基部萌条作为外植体，诱导容易，成活率可达到70%～80%以上。②消毒剂的选择及消毒时间的长短。桉树带芽茎段的消毒大多选用0.1%升汞和75%乙醇相结合的消毒方式，茎段的木质化程度不同，乙醇和升汞消毒的时间不一样，一般乙醇消毒的时间为10～60s，升汞消毒的时间为1～10min。对于很嫩的带芽茎段乙醇消毒的时间低于10s，即茎段在75%乙醇里浸泡5s左右时马上倒入无菌水进行清洗，然后用0.1%升汞消毒40s左右；对于很老的茎段乙醇消毒达1～2min，升汞消毒达10～15min。③外植体的采集时间。枝条的采集一般在晴天中午进行较好。

对于比较难以消毒和诱导的桉树，在采集穗条前进行预处理效果会更好。预处理的方式：首先，在采集穗条前2d用低浓度的高锰酸钾、托布津或多菌灵溶液喷洒枝条，然后用透气透光的袋子套住与外界隔离。其次，采用重复消毒的方法，延长流水冲洗的时间至2～3h或整夜，都可以有效地降低外植体污染率，提高诱导成活率。再次，接种外植体时，尽量缩短茎段的长度。

2. 继代增殖培养污染的控制

继代增殖培养过程中的污染会导致组培苗生产成本的大大提高，对桉树工厂化育苗造成很大的经济损失，所以控制增殖培养的污染显得尤为重要。增殖苗污染有真菌性污染和细菌性污染。真菌性污染主要是接种室、培养室内空气不清洁，超静台过滤不理想及操作不慎所引起；细菌性污染主要是接种工人的操作和材料的带菌所引起。控制增殖污染的措施主要为：接种室和培养室定期用高锰酸钾和甲醛熏蒸，一般为每周熏蒸1次，每次工人进入接种室接种前接种室内用紫外灯照射，如果接种室较长时间没有使用，则紫外灯照射时间至少要30min以上。接种前超静台面用75%乙醇擦洗，台内用乙醇喷洒，接种工人接触瓶苗进行无菌转接前手先用乙醇消毒，严格按照无菌操作进行。增殖苗移入接种室前，瓶苗表面用酒精擦洗并在接种室内进行紫外灯照射15min。

二、外植体褐化

褐化一般分为两种形式：一是由于细胞受胁迫条件或其他不利条件影响所造成的细胞死亡（称为坏死）而形成的褐化现象，不涉及酚类物质的产生，诸多不利条件（如温度）都可以造成细胞的程序化死亡；二是因为酚类物质所引起，酚类物质在多酚氧化酶作用下可以转变为褐醌，并可以逐渐扩散到培养基中积累起来，产生的褐化类物质扩散到培养基中，使培养基的组织发生褐化。

1. 影响褐化的因素

影响外植体褐化的因素很多，主要有以下几种：①桉树树种本身的基因型。桉树种源和无性系不同，芽诱导和继代苗增殖的褐化程度不一样，如柳桉的茎段比较容易褐化，而杂交桉U6的茎段褐化程度比较轻；邓恩桉25、13号无性系褐化程度比较轻，而24号无性系褐化比较严重，甚至在多次继代培养后还会出现褐化现象。②外植体的大小。带芽茎段的长度越大，茎段切口的面积与整个茎段的体积比小，由褐化造成茎段死亡的比率越小，但同时增大了茎段的污染率。③外植体的消毒。消毒剂不同，消毒时间不同，外植体的褐化程度不同，一般是消毒时间越长，褐化率越高。④培养基。诱导培养基中各元素及其含量不同，外植体褐化程度不一样。对一般桉树来说，大量元素和外源激素的浓度增大都会造成褐化程度的加重，有些桉树种在培养基中加入适量的活性炭能减轻外植体的褐化。⑤培养条件。光照和温度对外植体的褐化有一定的影响，一般来说，高温会增加褐化率。

2. 减少褐化的方法

褐化在桉树的初代培养中发生较多且褐化率较高，继代和生根培养也会有少量发生，一般不会对桉树组培苗工厂化产生影响。褐化问题的研究主要集中在初代培养。控制褐化的方法如下：①枝条的预处理。在采集穗条的前几天，用黑色塑料袋将枝条套住，减少光线的照射，可以有效降低外植体诱导的褐化率。②对外植体进行预处理。低温处理有助于减轻褐化，巨桉带芽茎段在5℃低温下处理几天后褐化率有所减少，外植体在抗氧化剂如抗坏血酸、柠檬酸等或吸收剂如活性炭（AC）、聚乙烯吡咯烷酮（eve）中进行预处理也能有效地减轻褐化。③选择和优化基本培养基。桉树组培一般使用改良MS培养基。在培养基中加入抗氧化剂或吸附剂，在培养基中加入抗坏血酸、EDTA等影响酚氧化酶活性的物质，或加入硫脲、亚硫酸氢钠、二乙基二硫代氨基甲酸钠等影响酚类化合物与铜结合部位的物质，都能有效地减轻褐化的发生。④热击。在植物体中多酚氧化酶活性与多酚含量是平行的，热击可以影响植物多酚氧化酶类活性，进而影响酚类化合物的形成，有助于减少由于酚类物质而引起的褐化。

三、继代苗的玻璃化

植物试管苗玻璃化可分为外观形态明显异常和基本无异常两种类型。玻璃苗绝大多数来自茎尖或茎切段培养物的不定芽，仅极少数玻璃苗来自愈伤组织的再生芽。

1. 玻璃化苗形成的原因

玻璃化苗的产生是由于试管苗在细胞生长过程中为了适应环境变化而呈玻璃状的。首先是培养基中的激素浓度，尤其是细胞分裂素浓度增加（或细胞分裂素与生长素比例高）时，易导致玻璃化苗的产生；其次，试管培养光照弱、培养容器内相对湿度接近饱和、氧气供应不足等都易造成继代苗的玻璃化；第三，培养基中的营养元素不协调。

2. 克服玻璃化苗形成的措施

试管苗玻璃化后偶尔可在延长期间恢复正常，但通常玻璃苗恢复正常的比例很低，且玻璃苗的分化能力低下，生理功能异常，难以增殖生根成苗及移栽成活，所以，控制试管苗玻璃化是桉树组培快繁的关键环节。控制玻璃化苗形成的措施有：①适当提高光照强度，延长光照时间。把已经玻璃化的桉树继代苗转移到靠近窗口光照强的地方，玻璃化苗可以转化成正常苗。②注意通气以尽可能降低培养容器内的空气相对湿度和改善氧气供应状况，可以有效地降低试管苗的玻璃化。③适当降低培养基中的NH_4^+浓度，提高培养基中的 P^{3+} 和 Ca^{2+} 浓度，桉树继代苗的玻璃化程度有所缓和。④注意碳源种类和浓度的选择。玻璃化苗的总可溶性糖含量较高而蔗糖含量明显较低，故玻璃化苗的糖代谢异常，在桉树组培中一般采用蔗糖，浓度在 2%～4%。适当添加 IAA、GA_3、ABA，减少 BA。一般认为 IAA 对桉树幼茎、叶柄等组织木质化的分化有直接作用，GA_3 对蛋白酶、核酸、淀粉酶的生物合成有促进作用，GA_3、IAA 的急剧下降可能诱发木质素、蛋白质以及核酸等物质的合成失调，而 ABA 的适当含量是维持植物正常生长所必需。在高温季节，培养室内必须有降温设施，控制温度不超过 32℃，温度高，继代苗的生长过快，玻璃化苗增多。

四、继代苗的遗传变异

桉树的组织培养中，均采用离体芽器官诱导的方式培养完整植株。这种途径即使后代保持了桉树的优良遗传特性，同时不易发生变异，所造的林分林相整齐。

影响桉树继代苗遗传变异的因素中，培养基是最重要最复杂的因素。其中，基本培养基不适合、营养元素不协调和不足均会对细胞有丝分裂发生干扰，导致继代苗生长不正常。植物生长调节剂的浓度和种类对再生植株的变异影响也很大，在高浓度的激素作用下，细胞分裂和生长加快，不正常分裂频率增加，再生植株的变异也增多。有些桉树速生良种经过几年的组培后，由于继代培养中所用的细胞分裂素浓度较高，继代苗逐渐变异，由组培快繁和工厂化育苗所生产的苗木逐渐失去了原来生长速度快、林相整齐的特点，渐渐变得生长迟缓、林相参差不齐，造成一定的经济损失。所以，调整培养基的成分，特别是大量元素的比例以及生长调节物质的浓度等对继代苗的正常生长至关重要，能减少组培苗的异常现象。

任务 10

观赏植物组培生产与应用

➜ 任务目标

熟悉兰花的组培快繁生产技术；熟悉红掌组培快繁生产技术；熟悉红叶石楠组培快繁生产技术；熟悉樱花组培快繁生产技术；熟悉菊花组培快繁生产技术；熟悉月季组培快繁生产技术。

➜ 任务描述

本项目任务是培养学生在熟练掌握组织培养基本操作流程的基础上，运用组培技术手段解决兰花、红掌、红叶石楠、樱花、菊花、月季等观赏植物种苗生产上的实际问题，包括观赏植物组织培养培养基的研制与开发、外植体的选择与灭菌技术、无菌接种操作技术、试管苗驯化与移栽等工作任务，达到良种快速繁殖、复壮的目的。

➜ 任务实施

一、兰花组培快繁生产

兰花为兰科兰属多年生草本植物，约有450属2000余种，其分布遍及全球，主要分布在热带、亚热带地区。兰花是中国十大名花之一，花香叶三美俱全，以叶秀花香著称。叶片终年常绿，姿态端秀，香气浓而不烈，香而不浊，花香宜人，被喻为花中君子，深受人们喜爱。

兰花的种子很小，几乎没有胚乳，在自然条件下萌芽率极低。传统的繁殖方法主要是分株繁殖，繁殖系数也较小，速度慢，无法满足市场大量需求，同时长期无性繁殖会感染病毒，导致品种严重退化，影响其观赏价值。

20世纪60年代，法国学者Morel最早通过对兰花茎尖分生组织进行离体培养，成功繁殖兰花。到70年代已基本建立起兰花组织培养快繁技术，很快发展成兰花产业，成为兰花快速繁殖的重要手段，并广泛地应用于70个属数百种兰花的繁殖。

1. 蝴蝶兰的组织培养

蝴蝶兰(*Phalenopsis aphrodite*)组织培养技术相对较为成熟，许多国家已将这项技术大量应用于蝴蝶兰种苗的工业化生产。蝴蝶兰组织培养快速繁殖主要有两种途径：一是利用种子无菌发芽、培养，能在短时间内获得大量实生苗；二是用离体器官(花梗腋芽、花梗顶芽、花梗节间组织、叶片、茎尖和茎段等)诱导原球茎，通过原球茎再进行增殖培养。

(1)初代培养

①无菌播种 剪取授粉110~120d以上未开裂的蝴蝶兰蒴果，由于果荚未开裂，里面是无菌的，只需将果荚表面消毒。用自来水流水洗净蒴果表面，先用70%~75%乙醇浸泡30~60s，无菌

水冲洗2~3次，再用0.1%升汞浸泡12~15min，无菌水冲洗4~5次，用无菌滤纸吸干水分。无菌条件下，在超净工作台上用解剖刀切开果皮使种子散出，放入种子萌发培养基培养。

种子萌发培养基可以 MS、Kyoto、KC 或花宝1号为基本培养基，附加蔗糖10~40 g/L、琼脂5.0~10 g/L，必要时也可添加植物生长调节物质如苹果汁、椰乳等，pH5.5。无菌接种后置于培养室中进行人工培养，培养温度20~25℃，光照强度1500~3000lx，光照时间12h/d。播种后7~14d，胚即吸水膨胀萌发，慢慢长出淡黄色原球茎；30d 后顶端分生组织突出，原球茎逐渐转成绿色；45 d 后发芽率达85%，产生第一片叶，60d 后长出2~3片叶。

②花梗腋芽 以即将开花的蝴蝶兰为母本，花梗长15cm左右时，整枝剪下，用自来水流水将花梗清洗干净，除去花梗上的苞叶，切成长约2~3cm 的带芽茎段，放入无菌杯中。在无菌条件下，用70%~75%乙醇消毒30s，无菌水清洗1次，然后在0.1%升汞溶液中浸泡10min，无菌水清洗5次，用无菌滤纸吸干外植体表面水分。

用锋利的解剖刀将外植体两端与消毒剂接触的部分切去，芽体朝上接种到 MS + 6-BA 3.0~5.0mg/L + NAA 1.0mg/L 或 Kyoto 培养基上。培养温度为(25±1)℃，光照强度1500lx，光照时间12h/d。接种7d左右，腋芽开始膨大伸长，之后逐渐增大变绿，30d后开始有小叶长出，50d后长出4~5片叶。此时，幼苗进入正常生长阶段，可进行继代增殖培养，一种是切去幼苗基部的花梗，转接至增殖培养基中，40 d后形成丛生芽；另外一种是将小苗叶片切下诱导原球茎进行增殖。

③茎尖培养 蝴蝶兰是单节性气生兰，只有一个茎尖，以茎尖为外植体直接取材无疑会损伤整个植株，因此，生产中常用花梗腋芽或无菌播种培养的无菌试管苗为材料，切取其茎尖进行离体培养以诱导原球茎。

在无菌条件下，于解剖镜下，用无菌刀将无菌试管苗叶和茎，小心剥取0.3~1.0mm的茎尖，直接接种于 MS + 6-BA3.0 mg/L 的诱导培养基上。在25℃、1500lx、12h/d 光照条件下，培养2周后，茎尖明显膨大呈半球状，颜色变绿，3个月后形成直径6~8mm 的原球茎。

利用无菌试管苗切取茎尖进行原球茎诱导，不仅省去了茎尖消毒程序，且增殖系数高，成功率也很高。

④叶片培养 叶片培养的优势在于材料来源丰富，且不会影响母本的生长，又不受开花限制，是经常采用的外植体类型。

与茎尖培养相同，一般以花梗腋芽培养的小植株或无菌播种培养的试管实生苗为母本，切取其叶片作为外植体进行原球茎诱导，同样可免去消毒过程。将花梗腋芽发育成的植株叶片切下，分割成0.5 cm×0.5 cm 大小的切块直接插入培养基中，切块不宜太小，否则成活率较低；或以苗龄为3~4个月的试管实生苗作材料，将整个叶片切下放入培养基中，效果好于叶片切块，其中第一个叶片形成的原球茎最理想。一般来说，取自幼叶的外植体，原球茎诱导率较老叶高，成年植株用叶基较好；将叶切块进行培养时，幼叶中间部分原球茎诱导率比顶部和基部高。

原球茎诱导培养基可选用 Kyoto 改良培养基附加 KT 10mg/L、NAA 5mg/L、10%苹果汁或椰子汁，也可用 MS 培养基或 VW 培养基，培养中加蔗糖30g/L、琼脂9 g/L，pH值调整为5.4。培养条件为培养温度25℃，光照强度500lx，光照时间16h/d。

培养30 d后，在部分叶片切口处可见有少量小颗粒的原球茎出现，呈黄绿色，约为1mm，继续培养，叶片边缘的原球茎颗粒逐渐增大增多。50d后，叶片表面也有原球茎慢慢产生。

(2)继代增殖培养

①丛生芽继代 利用花梗腋芽初代培养50d 后，腋芽膨大并长出4~5个叶片，且花梗基部和培养基都已褐变，此时，可进行继代增殖培养，一种是将小苗叶片切下诱导原球茎进行增殖培养，另外一种是切去幼苗基部的花梗，将丛生芽转接至附加3.0~5.0 mg/L6-BA 的 MS 增殖培养基中，40d 后形成新的丛生芽。丛生芽继代途径操作简单，成功率较高，但增殖率却低于原球茎增殖率。

②原球茎继代 原球茎增殖是实现蝴蝶兰工厂化生产的关键。无论采用哪种途径诱导获得的原球茎达到一定数量及大小时，都需要及时转入继代增殖过程。将原球茎在无菌条件下切分成适宜大小的小块，接种到新鲜的继代培养基 MS + BA 3.0mg/L + NAA 1.0 mg/L 或花宝1号 3g/L + BA 2.0 mg/L + NAA 0.5 mg/L 上扩大繁殖，以建

立快速无性繁殖系。BA 浓度对原球茎的生长和增殖有很大影响，BA 浓度较低时，可以明显促进原球茎的分化；反之，可以明显促进原球茎的增殖。添加 10% 椰子汁、香蕉汁、苹果汁等有机附加物有利于原球茎生长，使原球茎更饱满、粗壮；0.1%～0.3% AC 可减少褐变，也可促进原球茎增殖和生长。

将原球茎切割分块，转接入新继代培养基中，培养一段时间，待其长出许多原球茎后，再进行切分转接，以此种方式不断继代，原球茎便以几何级数迅速增长，实现扩繁增殖目的。原球茎在培养过程中有群体效应，即密度较大时，增殖速度快，因此培养基中的原球茎不能太少，原球茎切分时也不要太小。当原球茎发展到一定数量后，在继代培养基延长培养时间便可分化出芽，并逐渐发育成丛生小植株。

(3) 生根培养

将丛生小植株从基部切分开，接种到 1/2 MS + IBA 1.5 mg/L + 2% 蔗糖的生根培养基上，20d 后芽基部长出有毛的白色小根，40d 后根变得粗壮，生根率达 95% 以上。生根培养基加入一定量有机添加物如香蕉汁、椰子汁等，可以促进小植株的生长，当试管苗叶片生长达 3～5 cm，有 3～4 条根时，即可移栽。

(4) 炼苗移栽

将生根的试管苗带瓶移入温室或炼苗室内自然光下炼苗 1 周，然后打开瓶盖炼苗 3～5 d 后取出，洗净根部的培养基，尽量避免损伤苗根。

按双叶距将试管苗进行分级，分别有特级苗、一级苗、二级苗和三级苗。分级标准为相应为双叶距大于 5cm 以上、3～5cm、2～3cm 和小于 2cm。特级苗直接移栽至 7cm 盆中，一级苗种植于 5cm 小盆中，二级苗种植到 128 孔的穴盘中或育苗盘中。基质最好用疏松的苔藓或松树皮。刚移栽的植株应遮光 50%～70%，保持较高相对湿度，控制在 80% 以上，以后可逐渐降低保持在 70% 左右；适宜温度为 18～28℃，极端温度低于 10℃时，生长速度降低，容易烂根死亡；夏季温度高于 35℃以上，通风不良，会对植株有伤害。蝴蝶兰喜温、通风和干燥，温度、湿度及光照管理理想，成活率可达 85% 以上。

2. 大花蕙兰的组织培养

大花蕙兰（*Cymbidium*）为蕙兰属植物，又称虎头兰，原生种产于喜马拉雅山及印度、缅甸、泰国等地，后经人工杂交选育而成，是蕙兰属中的大花附生种。大花蕙兰花大，花茎直立，花形优美丰满，色彩鲜艳丰富，数量多，每株可开出 10 朵花，花期长，有较强的观赏价值，是我国重要的一种年宵花。大花蕙兰是最早用茎尖进行组织培养，成功获得再生植株的一种兰科植物。

(1) 外植体的选择与消毒

大花蕙兰的种子、茎尖、侧芽可作为外植体。商品化生产中主要以茎尖、侧芽为外植体进行组织培养。

取生长健壮、无病虫害的假鳞茎上的新生侧芽，用洗衣粉水洗净表面，在流水下冲洗 30min。在无菌条件下，去除侧芽最外部 1～2 片苞叶，用 10% 次氯酸钠溶液（加几滴吐温-20）消毒 20 min，无菌水漂洗 3 次，继续剥去外层苞片，用 2% 次氯酸钠溶液二次消毒 5 min，无菌水漂洗 3 次。无菌条件下，借助解剖镜，切下 1～2mm 大小的茎尖分生组织，迅速接种到初代培养基上。

(2) 初代培养

大花蕙兰原球茎诱导培养基可以选择 MS、1/2MS、White 和 VW 培养基，常用 MS + 6-BA 4.0m/L + NAA 2.0 mg/L。培养温度 23～25℃，光照强度 2000lx，光照时间 12h/d。接种 2 周后，外植体稍有膨大。1 个月后，有些外植体周围会形成许多白色小颗粒，继续培养会逐渐转绿，即为原球茎，有些外植体则长出小芽。当 NAA 浓度一定时，随着 6-BA 浓度的增加，诱导率逐渐提高，但浓度过大会抑制原球茎的诱导。

(3) 继代增殖培养

将原球茎、芽丛切割后转接到 MS + 6-BA 0.5～2.0mg/L + NAA 0.2～2.0mg/L 或 1/2MS + BA 2.0～5.0mg/L + NAA 0.5～5.0mg/L + 0.5% 活性炭的继代增殖培养基上，每瓶接种 10～20 个原球茎小切块。在培养温度 25～28℃、光照强度 1500lx、光照时间 12h/d 的条件下培养 4～6 周后，每个球茎都可再长出 5～10 个原球茎，同时也会分化出小芽。随着 6-BA、NAA 浓度的增加，原球茎的增殖速度会提高，一般可达到 5～7 倍。添加 10% 香蕉泥有助于原球茎的增殖率提高，且芽苗较健壮。反复切割转接培养，就会建立起大花蕙兰无性繁殖系，但在一种继代培养基上继代多次，原球茎分化芽数降低且变异现象增加。原球茎切割方法对增殖会有一定影响，如果将成丛的原球茎单个分离，原球茎的增殖周期会延长，有些球茎还会死亡；井字形切割效果较好。

（4）生根培养

将 2 cm 左右高的茎芽从其基部切下，转接到 1/2 MS + IBA 2.0 mg/L + 肌醇 100 mg/L + CH 1000 mg/L + 黄瓜汁 5% + AC 0.2% ~ 0.4% 的生根培养基上，每瓶接 10 ~ 15 株。经过 2 周培养，芽苗开始生根，叶片伸长，植株增高，6 ~ 8 周后可长成高 8 ~ 10 cm、根长 2 cm 左右，具 3 片叶以上的大苗。此时即可炼苗、移栽。

光照强度对大花蕙兰组培苗生根影响较大，强光下培养的瓶苗生根率比弱光下高得多。同时强光下的瓶苗壮，移栽后成活率高，而在弱光下培养的瓶苗弱且不分化叶片，移栽后成活率低。

（5）炼苗移栽

将试管苗带瓶移入温室锻炼 3 ~ 5d，打开瓶盖炼苗 3d，小心取出试管苗，用清水冲洗掉根部琼脂，并在 0.2% 高锰酸钾溶液中浸泡 5 ~ 10min，以免发生霉菌腐烂。当苗吸干水分后栽植在基质中。大花蕙兰试管苗对基质要求不严格，水苔、树皮、椰糠等都可以作为移栽基质。刚定植的植株最好避光 50%，温度 20℃ 左右，空气相对湿度 90% 以上，且注意通风。一般移栽成活率可达 95% 以上。

二、红掌组培快繁生产

红掌（*Anthurium andraeanum*），别名花烛、安祖花、灯台花，是天南星科花烛属多年生常绿草本花卉。株高因品种而异，多为 50 ~ 80cm 高。叶为长圆心形或椭圆形，鲜绿色，佛焰苞蜡质，宽 5 ~ 20cm，颜色鲜艳，有红色、粉红色、白色等，常年开花不断，肉穗花序，花姿奇特美艳，具有重要的观赏价值和经济价值，是当今世界上流行的观赏花卉和切花材料。红掌喜温暖、湿润，忌炎热，怕阳光直射，气生根，要求通气良好。红掌生长的适宜温度为白天 26 ~ 32℃，夜间 21 ~ 32℃，温度高于 35℃ 容易产生日灼，温度低于 15℃ 时，生长会受影响。红掌生长要求相对湿度 70% ~ 80%，冬季不低于 70%；光照强度以 16 000 ~ 20 000lx 为宜，土壤 pH5.5，EC 值 1.2 较宜。

红掌可进行种子繁殖，但进入开花期时间较长；分株繁殖每年只能生产 3 ~ 4 株新苗，繁殖系数很低，远远不能满足市场的需要。目前，组织培养已成为红掌种苗生产中常用的一种有效的繁殖手段，能在较短的时间获得大量的优质种苗。

近年来，红掌组织培养的研究报道较多，可以概括为两种途径：一种是丛生芽增殖法，以小芽为外植体，接种于培养基上，诱导产生丛生芽；另一种是器官发生型，以叶片、叶柄、茎段等为外植体，通过诱导产生愈伤组织，愈伤组织继续增殖或直接产生不定芽，直到形成完整植株。

1. 无菌体系的建立

（1）外植体的选取

外植体取材部位、取材时间对红掌愈伤组织的诱导影响很大。新萌发的幼叶展叶 2 周左右时，以其叶片、叶柄为培养材料，愈伤组织的诱导率最高，效果最好，出愈时间也最短。一般选取品种优良、花大色艳、健康无病虫害的植株为母本，采集刚展开的幼嫩叶片、顶芽作为外植体。

（2）外植体的消毒

将叶片、顶芽在自来水下冲洗，将叶片表面的灰尘、杂物用软毛刷洗净，放入盛有浓洗衣粉溶液的烧杯中浸泡 10min，然后在流水下冲洗 15min，备用。

在无菌条件下，根据培养材料的老嫩，用 75% 乙醇处理 30 ~ 60s，倒掉乙醇用无菌水漂洗 3min，再用 0.1% 升汞溶液浸泡 8 ~ 10min，浸泡过程中要不断摇动无菌杯，倒掉升汞溶液，用无菌水漂洗 5 ~ 6 次，每次 3min。将材料放到无菌滤纸上，用灭菌的解剖刀将叶片切成 1.5 cm² 的小块，顶芽的茎尖（带 2 ~ 3 个叶原基）切下，以备接种。

（3）无菌接种与培养

在无菌条件下，将幼叶切块以叶背向下接种于愈伤组织诱导培养基 1/2MS + 6-BA 1.0 ~ 1.2mg/L + 2，4-D 0.1 ~ 0.2mg/L 中；芽生长点接种于芽增殖培养基 MS + 6-BA 1.0 ~ 1.5mg/L + NAA 0.5 ~ 1.0 mg/L 中。红掌对激素比较敏感，在叶片愈伤组织诱导中发挥着关键作用，如果 6-BA 浓度较低，愈伤组织诱导率低，如果 6-BA 浓度较高，易形成质地坚硬的愈伤组织，反而不利于芽的分化。适量的 2，4-D 可有效提高愈伤组织诱导率。

愈伤组织诱导培养条件为温度 23 ~ 25℃，光照强度 1000 ~ 1500lx，光照时间 8 ~ 12h；芽增殖诱导培养需要先进行 10d 左右的暗培养，然后转入光下培养，条件同愈伤组织诱导培养。

(4) 生长及分化

红掌愈伤组织的形成比较缓慢，接种1个月后，叶片切口处才会出现少量黄色愈伤组织，继续培养3~4周，愈伤组织明显增大，泡状愈伤组织形成黄绿色瘤状突起，转接至分化培养基 MS + 6-BA 1.5~2.0mg/L 上，经过4周左右，愈伤组织表面有绿色突起，进而产生不定芽；芽生长点经暗培养后，在光下培养5d，基部便出现绿色芽点，再经过2周，许多芽点就可分化成小芽。

2. 继代增殖培养

将产生不定芽的愈伤组织或芽生长点分化形成的小芽切下，转接至增殖培养基（与分化培养基相同），不定芽继续发育为丛生芽，逐渐形成幼苗；也可反复切割、反复培养进行多代培养扩繁。

在红掌组织培养中，采用浅层液体静置培养基，试管苗增殖率远远高于固体培养基，可有效缩短生长周期，降低成本。因此，红掌继代增殖培养阶段，可改为液体培养。

3. 生根培养

当不定芽长到2.5~3.0cm，具有3~4片叶时，可将其切分成单株转接到生根培养基 1/2MS + NAA 0.2mg/L + IBA 2mg/L 上，7~10d 在幼苗基部产生白色突起，慢慢形成气生根，30d 后根长可达1cm。

4. 炼苗及移栽管理

当试管苗长出3~4条根时，即可出瓶移栽。先将培养瓶移至温室或大棚内，经过2d的光照适应性锻炼，再打开瓶盖炼苗3~5d，然后小心取出试管苗，用清水将试管苗根部的培养基清洗干净。移栽到用0.5g/L的高锰酸钾灭菌的基质中，基质可以是泥炭：珍珠岩：椰糠＝3:1:1 或珍珠岩：蛭石：草炭土＝1:1:2 的复合基质中。移栽后立即浇透水，勿使强光直射，罩上透明塑料薄膜以保持空气湿度，初期应勤喷水，空气相对湿度保持在80%，温度保持在20~25℃。10d 后打开薄膜，逐渐降低湿度并增强光照，30d 后成活率可达90%以上。

三、红叶石楠组培快繁生产

红叶石楠（*Photinia serdataxfraseri*），属蔷薇科石楠属常绿小乔木，是近年来我国引进的珍贵彩叶园林植物。其新叶鲜红亮丽，耐修剪，萌芽力强，株型紧凑，可常年保持鲜红色，具有很高的观赏价值。生长迅速，适生范围广，喜阳且耐阴、耐盐碱、耐旱且耐瘠薄，我国黄河以南绝大多数地区均可种植。其用途广泛，作绿篱、绿墙、造型树、孤植效果均佳，被誉为"红叶绿篱之王"。我国园林绿化中常绿或半常绿的红叶树种极少，红叶石楠可填补这一不足，在园林绿化上有广泛的用途。

1. 外植体的选择与消毒

切下红叶石楠枝条上部幼嫩的部分，用洗洁精漂洗数遍，再用自来水反复冲洗20min。将材料修剪成带1~2个腋芽的茎段，放入洁净的烧杯中，带入接种室的超净工作台，先将材料转移至无菌空瓶中，每瓶7~10个茎段，加入75%乙醇浸没，轻晃30s，接着用无菌水漂洗2~3次。再用0.1%升汞浸没，轻晃6~8min，用无菌水漂洗5次，无菌滤纸吸干表面水分。将红叶石楠外植体切段两端略剪掉些，剪成1cm左右单芽茎段，接种到启动培养基上。

2. 启动培养

红叶石楠启动培养基为 MS + 6-BA 1.0mg/L + NAA 0.1mg/L，附加3%蔗糖，0.7%琼脂，pH5.8。培养条件：温度（25±1）℃，光照强度2000lx，光照时间12~14h/d。2周后红叶石楠茎段分化出丛生芽。

3. 继代增殖培养

将丛生芽或茎段切割，接种到增殖培养基上，25d 即可形成丛生芽，繁殖系数达到10以上。反复切割增殖，获得大量的丛生芽。当6-BA浓度为3mg/L 时，培养基中不加NAA，可获得最大的增殖系数，但此时由于增殖苗过多，苗生长细弱、不良。培养基内添加0.1mg/L NAA 后增殖系数减小，但增殖苗健壮，叶大而绿，生长状况最佳。因此，适宜的增殖培养基为 MS + 6-BA 3.0mg/L + NAA 0.1mg/L。

4. 生根培养

当试管苗长到5cm左右时，切成含3~4个小芽的小段，接种到生根培养基 1/2MS + NAA 1.0mg/L + 蔗糖1.5% 的生根培养基上诱导生根。7d 后开始生根，15d 后可长出3~5条1~1.5cm长的红色或乳白色的根，生根率达100%。

5. 炼苗与移栽

将根系发达、苗高2~3cm的小植株移入温室，在有明亮散射光的地方炼苗3~5d，打开瓶盖继续炼苗 2d 后即可移栽。

幼苗移栽过程要小心仔细，可在容器中加适量水后，用玻璃棒轻轻搅动后倒出，切不可用镊子直接夹取，取出的幼苗用水将根部的琼脂等冲洗干净，移栽至基质。试管苗栽培基质应具有一定的疏松、透气和保水性。蛭石：珍珠岩：泥炭 = 6:3:1 的混合基质有良好的效果，红叶石楠组培苗的成活率可达 95% 以上。

组培苗是在无菌条件下繁殖培育的，在移栽过程中对外界环境需要有一个渐进的适应过程，因此需要对过渡苗床进行较为严格的消毒处理，尤其是基质重复使用时，一定要进行细致消毒，用 1000~1500mg/L 敌克松溶液浇透整床基质，再用 0.15% 高锰酸钾溶液喷洒基质及四周，24h 后即可移栽小苗。也可用 800 倍甲醛溶液喷洒基质，用塑料薄膜密封 24h 以上，再通风 12h 即可使用，以上两种方法均能取得较好的效果。

移栽后需要保持环境清洁，尽量减少污染。幼苗浇灌时应尽可能选择清洁的水源，并喷施 800~1000 倍甲基托布津或百菌清或 500 倍多菌灵药液，每隔 1 周左右喷施 1 次，连续喷施 3~4 次，前后 2 次交替使用不同杀菌剂效果更好。湿度管理也是保证组培苗移栽成功的关键因素之一。移栽后立即浇透定根水，以后 2~3d 淋水 1 次，以保证基质湿度。此外，还要注意空气湿度的控制。移栽初期 3~5d，空气湿度需保持在 95% 以上，之后 2~3 周内需半封闭保持相对湿度 80%。移栽后应加强遮光及控温，一般移栽初期应遮光 70%，1 周后用 50% 遮光，2~3 周即可除去遮阳网。

待红叶石楠组培苗经过一段时间生长，一般 40d 左右，长出新叶后，即可移入大田，移入大田后的管理同其他繁殖方法生产的种苗。

四、樱花组培快繁生产

樱花（*Prunus serrulata*）为蔷薇科蔷薇属落叶乔木或灌木。樱花娇媚多姿，花艳夺目，是春天观花树种之一。随着我国经济的发展和人民生活水平的提高，名贵樱花走俏市场，苗木供不应求。其传统的繁殖方法以嫁接为主，也可扦插、分株繁殖，但扦插和分株繁殖系数低，苗木生长速度慢，不能满足市场的需求，而且长期营养繁殖导致病毒、真菌、细菌等在植物体内的积累，影响樱花的生活力和观赏价值。植物组织培养是较好的一种繁殖方法，可以有效地解决营养繁殖产生的许多问题。

1. 外植体取材、灭菌和接种

4 月至 5 月上旬，剪取樱花新生嫩枝，清洗后剪去嫩叶，叶柄留得稍长些。用 75% 乙醇浸洗 10~15s，再用 0.1% 氯化汞溶液灭菌 7min，无菌水冲洗 4~6 次，切去切口与灭菌液的接触部分，剪成带有 1 个茎节的小段接种于培养基上。

2. 启动培养

启动培养基为 1/4MS + 6-BA 1.0mg/L + NAA 0.02mg/L，附加蔗糖 3%，琼脂 0.6%，pH5.7。接种 3d 后，叶柄开始脱落，5d 后腋芽开始萌动，1 周后腋芽继续发育为 2 片细小嫩叶，10d 后叶片大部分展开，20d 后可长出两层叶片。

3. 继代培养

在启动培养基上继代一次后，转接于基本培养基 MS，附加 BA 0.5mg/L、KT 0.5mg/L、2.5% 糖、LH 100mg/L、谷氨酸 60mg/L、酪氨酸 60mg/L、$AgNO_3$ 5.0mg/L、pH5.7 的培养基上，进行过渡培养，然后再转接于附加 6-BA 3.0mg/L + NAA 0.2mg/L 的培养基上，诱导丛生芽，效果较好。

4. 试管苗生根

将高度超过 1.5cm 的试管苗切下，接种于大量、微量元素减半的改良 MS 培养基上，附加 NAA 1.5mg/L、IBA 0.2mg/L、H_3BO_3 14mg/L、PG 5mg/L、糖 2%，6~8d 后开始生根，露出白色的根尖，随后根逐渐增加，生根率达 100%。

5. 炼苗移栽

试管苗生根后，再经 20d 培养，将生根的植株移入温室，闭瓶炼苗 4~5d 后，开瓶炼苗 1~2d，然后洗去根部的培养基，移栽于珍珠岩 + 腐殖质土 + 沙土(1:2:2)的基质中，浇透水，覆盖薄膜保湿，并适当遮阴，注意每天通风透气，7d 后逐渐揭去薄膜，半月后，有新根长出，待苗木高度有明显增长时，可移入土中，正常生长。

五、菊花组培快繁生产

菊花（*Dendranthema morifolium*）为菊科菊属，多年生宿根草本花卉，原产我国，已有三千多年的栽培历史，其观赏价值高，是世界著名的五大切花品种之一。菊花除有极好的观赏价值外，还是制药、饮料和名贵菜肴的原料。虽然菊花可以扦插繁殖，但一些名贵品种不易生根，难以避免病毒的危害。利用组织培养技术可以解决上述问题，现已成为菊花繁殖的重要方法与手段，在菊花种苗生产上得到广泛应用。

1. 选材、灭菌和接种

菊花的茎尖、茎段、侧芽、叶、花序梗、花序轴和花瓣等器官都能产生再生植株，但以快速繁殖为目的时，最好用茎尖或带腋芽茎段，其次是花蕾。从无病虫害、生长健壮的植株上选取茎尖与茎段，如以花蕾为材料，应选取该品种典型特征、饱满充实的花蕾，最好是要开而未开的花蕾，因为花瓣外有一层薄膜包围，里面洁净无菌，便于表面灭菌。

灭菌前先对材料进行修剪，茎尖嫩叶不要去掉太多，以免伤口过多。茎尖嫩叶可在灭菌后、接种前去除。茎段要除去叶，留一段叶柄。灭菌方法：先用75%的乙醇溶液消毒，消毒时间为30～60s，然后用无菌水洗净，再将材料放入10%的漂白粉滤液消毒8min，再用无菌水冲洗3～5次，滤纸吸干；再将材料转入0.1%升汞溶液消毒，不低于5min，再用无菌水冲洗3～5次，滤纸吸干，将材料修剪成1cm左右单芽茎段，接种至培养基上。

花蕾灭菌后纵切成大致相等的4～6小块，接种于启动培养基上。

2. 启动、继代培养

适用于菊花的培养基种类很多，MS、White、B_5、N_6、Morel等都可采用。将茎尖或茎段接种在MS+6-BA 2.0～3.0mg/L+NAA 0.02～0.2mg/L培养基上，一般经过4～6周，茎尖和茎段即可发出大量的丛生芽，4～6周为1个周期，增殖速度在5～10倍以上。

茎尖、茎段的培养过程大多直接诱导产生植株，而花蕾培养则要脱分化，先形成愈伤组织，愈伤组织再分化产生完整植株，有时可产生胚状体而长成完整植株。由于培养过程不同，培养基配方也不完全相同。

花蕾培养适宜的培养基为：启动和继代培养基均可采用MS+6-BA 0.1mg/L+蔗糖3%+琼脂0.6%，pH5.6。花蕾经过15～20d培养，形成愈伤组织，再经过20～30d培养，愈伤组织分化出较多丛生芽，这时可将其分成几块进行继代培养。

菊花培养的适宜温度为22～28℃，光照强度1000～4000lx，光照时间10～16h/d。

3. 生根培养及移栽管理

菊花试管苗茎段很容易生根，因此，菊花组培苗的生根可采用试管内生根和试管外生根两种方法。

试管内生根：将茎段转移到1/2 MS+NAA（或IBA）0.1mg/L的培养基上，经2周，100%的生根。试管苗移栽时，将生根的试管苗轻轻取出，洗去附着在绿色根部的培养基，移栽到蛭石中，浇透水，保温、保湿，成活率可达100%。移栽后2～3周，可长出新根、新叶，以后按苗大小逐步上盆、换盆或定植，并按常规育苗方法进行栽培管理。

试管外生根：直接从试管内剪下长2～3cm的芽梢，扦插到疏松通气的珍珠岩中，扦插前先用生根激素溶液将基质浸透，不仅长根快，而且根系发达。这种方法充分利用了菊花嫩茎易于生根的特点，缩短成苗时间和降低生产成本。

六、月季组培快繁生产

月季(*Rosa hybrida*)为蔷薇科蔷薇属。原产我国。月季花色鲜艳多彩，花姿优美，除作切花外，还可以提取香料。月季主要靠扦插繁殖，但有些名贵品种扦插不易生根，繁殖系数低、速度慢，限制了新品种及引进品种的开发和推广，为此利用组织培养可以快速育苗，加快优良品种的推广。

1. 选材、灭菌和接种

月季的组织培养以带芽茎段作为外植体效果较好。一年中任何时间均可采集外植体，但以5月和9月为最佳的采集时间。可从扦插、压条法繁殖的优良健壮植株的当年生枝条上取材，以保持品种种性。选择健壮无病的带芽茎段剪下，用自来水冲洗干净，流水冲洗4～6h，用0.1%～0.15%的氯化汞溶液灭菌8～12min，无菌水冲洗4～5次，剪成1～2cm带腋芽的茎段接种。培养温度21～25℃，光照强度1800～2400lx，光照时间12～14h/d。

2. 启动、继代培养

将灭菌好的带腋芽茎段接于MS+6-BA 2.0mg/L+NAA 0.3mg/L的培养基上，2～3周后腋芽可长至1cm左右。在启动培养的基础上，获得的芽、苗数量有限，需经继代培养以获得大量的无菌苗。微型月季继代增殖倍数和增殖率主要与培养基的激素种类、浓度、配比及培养基的含糖量、pH值高低有一定的关系。继代增殖培养基为MS+6-BA 1.0～1.5mg/L+IAA 0.1～0.3mg/L

或 MS + 6-BA 1.0～1.5mg/L + NAA 0.01～0.1 mg/L,蔗糖4%,pH5.8～6.0。5～6周可继代增殖1次,形成许多丛生芽。继代次数的多少对微型月季的增殖系数有一定的影响,一般随着继代次数的增加,增殖系数先增加后降低,继代多次后组培苗的变异率也增加。月季组培快繁继代4～5次后,应将试管苗转向壮苗和生根培养。

3. 壮苗生根培养

对增殖率较高的品种,增殖的幼苗嫩茎纤细,应先进行壮苗培养,培养基为 MS + 6-BA 0.3～0.5mg/L + NAA 0.01～0.1mg/L 或 MS + 6-BA 0.3～0.5mg/L + IBA 0.3mg/L;MS + 6-BA 0.1～0.2mg/L + NAA 0.1mg/L 用于各品种月季的壮苗培养,效果都理想。生根培养时,将剪成2cm长的茎段接于1/2 MS + NAA 0.5mg/L + 蔗糖2% + 活性炭0.2%的培养基上,3周后,生有数条白根,可出瓶移栽。

4. 试管苗的移栽

当试管苗生有3～4条1cm左右长的新根时,即可进行移栽。移栽前先将试管苗移入温室进行炼苗,7～10d后开瓶炼苗1～2d。移栽前洗去根部培养基,移栽到珍珠岩中,基质应预先用高锰酸钾消毒,移栽后即时浇水。移栽过程要防止伤根。移栽后,要将环境湿度保持在80%～90%,环境温度控制在18～24℃,前期需要适当遮光,后期要多见阳光。每间隔10d喷洒低浓度的百菌灵液消毒防病。经1～2个月的管理,即可上盆或定植于富含腐殖质的砂质壤土中。

微型月季株小根浅,比较适合微潮偏干的土壤环境,因此管理过程中适当少浇水,勤喷水。

→任务提交

1. 提交学生工作页;
2. 提交兰花、红掌、红叶石楠、樱花、菊花、月季组培继代瓶苗和生根瓶苗。

任务 11

药用植物组培生产与应用

→ 任务目标

熟悉铁皮石斛的组培快繁生产技术；熟悉金线莲组培快繁生产技术。

→ 任务描述

本项目任务是培养学生在熟练掌握组织培养基本操作流程的基础上，运用组培技术手段解决铁皮石斛、金线莲等药用植物种苗生产上的实际问题，包括药用植物组织培养基的研制与开发、外植体的选择与灭菌技术、无菌接种操作技术、试管苗炼苗与移栽等工作任务，达到良种快速繁殖、复壮的目的。

→ 任务实施

一、铁皮石斛组培快繁生产

石斛属为兰科第二大属，多年生草本植物。全球共有1500种。除个别种外，皆属附生兰类。1980年以前，我国仅发现了57种石斛属植物，后来调查发现并定名的19种石斛属植物丰富了我国石斛的种质资源库，现共有76种。我国石斛的种类仅占全世界的5%左右，但在历史上，石斛的药用开发和利用走在世界前列，是重要的常用中药材。在我国的76种石斛属植物中，有近40种作药用，石斛品种中的铁皮石斛因滋补作用强，适用于老人、虚人津液不足，不宜大寒者，已成为价值上万元1kg的珍品。铁皮石斛品种长期出口，享誉东南亚及欧美的一些地区，以其加工的"枫斗"或"耳环石斛"被称为"金耳环"、"金枫斗"，畅销于东南亚及欧洲和美国，因产量少而供不应求。石斛本是常用中药，据重庆大宗药材出口统计，1953—1954年重庆口岸每年出口石斛达50 000kg以上，"一向供不应求"。铁皮石斛具有极大的药用价值，使其成为全国涉及用到石斛类的制药厂和保健品加工企业原料命脉，据统计我国每年用石斛为原料的药品、保健品产值超过几百亿元，市场需求的数量每年均在几百万千克以上，而且逐年呈上升趋势。仅石斛饮片用到鲜品量每年在100万kg以上，按10kg生鲜的石斛加工成1kg枫斗折合干品大约用量为10万kg；而作为中成药的原料，仅南京金陵制药集团需鲜品达1 000万kg以上，折合干品约100万kg，这还不包括其他企业，以及其他新药开发的需求量。如此巨大的市场缺口再加上野生铁皮石斛采挖殆尽，为人工培育铁皮石斛开拓了市场。

1. 种子无菌萌发快繁技术

铁皮石斛种子量大，成苗整齐，繁殖率高，目前种子是铁皮石斛种苗繁殖的主要材料之一，其过程为无菌播种，原球茎萌发，原球茎增殖，原球茎诱导成苗，无菌苗生根培养，炼苗移栽。具体技术方法如下：

采集铁皮石斛饱满未开裂成熟果实（果皮为淡

黄色）的种子作为外植体，其果实为蒴果。将未开裂成熟果实，放入2~3滴洗洁精并加500mL水的烧杯中搅拌10min，自来水冲洗15min；用75%的乙醇浸泡30s；再用0.1%的氯化汞溶液消毒20min，无菌水冲洗3~5次。将消毒好的果实纵向切开表皮，把种子接入无菌萌发诱导培养基中。培养1个月，种子萌发变绿，在培养基表面可以看到绿色的原球茎。萌发培养基配方为1/2MS + NAA 0.3mg/L + 蔗糖30g/L，按常规方法配制，琼脂浓度为6.0g/L，pH 5.8，121℃下蒸汽灭菌15min。适于铁皮石斛原球茎增殖的培养基为改良MS培养基，改良方法为铵态氮减半，减少的氮用硝酸钾补充，为了避免原球茎的老化，原球茎增殖时无需添加激素。原球茎诱导成苗的培养基及激素组合为改良MS培养基 + 6-BA 0.4 mg/L + NAA 0.2 mg/L + 蔗糖30 g/L；适于铁皮石斛原生苗生根的培养基为改良MS + ABT_6 0.6 mg/L + IBA 0.2 mg/L + NAA 0.1 mg/L + 蔗糖15 g/L。需要注意的是，铁皮石斛种子萌发需要较高温度，在25℃以上萌发生长较快，当温度低于10℃时，即使满足营养条件也不能萌发。温度对铁皮石斛的生长也产生影响，在20~22℃时丛生芽增殖较好，温度超过25℃丛生芽开始分化成苗。

2. 茎段丛生芽繁殖技术

以铁皮石斛优株的茎段为外植体，诱导丛生芽，壮苗生根，从而实现大量繁殖。将铁皮石斛健康植株，以茎芽为中心剪下，芽的上下各留0.5cm的茎段，用洗衣粉浸泡20min左右，取出后再用自来水反复冲洗数次，备用。将预处理过的外植体用75%的乙醇溶液灭菌30 s，然后用无菌水冲洗1次，将茎段腋芽的苞叶剥去，然后将0.1%的$HgCl_2$溶液倒入烧杯中灭菌10 min，灭菌过程中不断摇动烧杯使灭菌更加彻底，最后用无菌水冲洗5~6次将$HgCl_2$溶液冲净并接种到培养基上。所有材料均在组织培养室中培养，温度为22 ℃，光照时间12h/d，光照强度为2000lx。以MS培养基为基本培养基，NAA的浓度为0.3mg/L，6-BA的浓度为5mg/L时，铁皮石斛丛生芽的增殖率最高。铁皮石斛壮苗生根的最好培养基为MS + 6-BA 2mg/L + 20% 香蕉汁。据不同激素浓度的6-BA对铁皮石斛壮苗生根的影响比较得出，不加6-BA的培养基小苗生根率低、发根迟、根数少；而加入6-BA后可以大幅度提高生根率，尤以在6-BA 0.4mg/L的培养基中小苗生根快，根数多。铁皮石斛培养60d左右时生长速度最快。香蕉提取液能促进生长，从而使苗的生长加快。以MS + 香蕉汁20%的培养基为最好。

3. 试管苗炼苗移植

将试管苗移至炼苗房进行2~3周的炼苗，让试管苗逐渐适应自然环境。待其叶色浓绿、生长健壮时出瓶。出瓶苗要求苗高3cm以上，肉质茎有3~4个节间、具4~5片叶，叶色正常；根长3cm以上，有4~5条根，根皮白中带绿，无黑色根，无畸形，无变异。出瓶时将培养基与小苗一起轻轻取出，污染苗、裸根苗或少根苗分别放置。正常组培苗应先用自来水洗净，特别要洗掉琼脂，以免琼脂发霉引起烂根，然后再用干净的自来水冲洗1次；裸根或少根组培苗经清洗后，可将其根部浸泡于100mg/L的ABT生根粉溶液中15 min，以诱导其生根；污染苗经清洗后，可用多菌灵1000倍液浸泡整株小苗10 min，单独地块移栽。气温过低或过高时均不宜移栽。在铁皮石斛主产地，一般来说，除最冷的1~2月和最热的7~8月外均可移栽，但一般选择4~5月移栽较好。生产中栽培基质多以松木皮 + 苔藓组合为多，木皮要经过浸泡30d，煮沸消毒去油处理。移栽时可在基质上挖深2~3 cm的小洞，轻轻将炼苗、出瓶洗净后的组培苗根部放入小洞。注意不要弄断石斛的肉质根，然后用基质盖好。铁皮石斛种植2~3年即可采收，收获适期为"立冬"后至"清明"前，此时石斛已停止生长，茎枝坚实、饱满、干燥。为了可持续利用有限的铁皮石斛资源，一般应采取"去三留二"，即采收3年及3年以上的铁皮石斛茎干，留下3年生以下的铁皮石斛以供生长繁殖。采收后应注意及时喷施保护性杀菌剂以预防病害的发生。

二、金线莲组培快繁生产

金线莲（*Anoectochilus roxburghii*）即花叶开唇兰，别名金蚕、金线兰、金石松、金线虎头蕉、金线入骨消等，是兰科开唇兰属的一种多年生草本植物。它主要分布于日本、中国、斯里兰卡、印度和尼泊尔等国。金线莲是我国传统的珍贵药材，有清凉解毒，滋阴降火，消炎止痛之功效，对无名肿痛、发烧、止泻、蛇伤均有显著疗效，且无毒副作用，使用安全。金线莲株形小巧，叶形优美，叶脉金黄色，呈网状排列，是观赏价值极高的室内观叶珍品。由于在其系统发育中形成了对生态环境条件要求较严、适应性较差的生物学特性，因而在自然界的蕴藏量甚少，价格高昂。金线莲种子微小，由未成熟的胚及数层种皮细胞构成，一般不易发芽。只有在无菌条件下供给充足的养分，种子才能发芽。以分根法或扦插法繁殖，繁殖系数低，很难形成规模种植。利用组织培养进行快速繁殖，对种质资源的保存以及为药用和观赏园艺提供种苗都具有重要意义。

1. 启动培养

影响金线莲启动培养的因素有品种、外植体、基本培养基、激素、天然提取物等。适用于金线莲组培的外植体有茎段、茎尖、嫩叶等，茎尖因其细胞活性强，诱导效果最佳。

茎尖诱导原球茎的基本培养基有1/2 MS、MS、White、ZW等。许多实验表明，1/2 MS和ZW诱导茎尖产生原球茎的效果最好。其中，ZW是经过改良的MS培养基，其大量元素，降低到原来的1/4~1/2，尤其是氮肥的用量，降低到原来的1/4之上。可见适当地降低氮肥对外植体萌发有利。在适宜的基本培养基上，加入不同激素（BA、KT、IBA、NAA等）的试验结果表明，IBA、KT对外植体诱导原球茎有促进的作用，IBA的浓度以0.2mg/L为好；而高浓度的激素（2.0mg/L）对外植体萌发和诱导原球茎起抑制作用。AC对外植体诱导原球茎起一定的促进作用。如果外植体是茎段，则用BA 0.2mg/L和NAA 0.5mg/L的组合效果为佳。蔗糖浓度以30g/L为好。在培养基中加入不同的天然提取物，如椰子汁、马铃薯汁、香蕉泥等，可使原球茎发生率提高，发生时间缩短。不同天然提取物均在不同程度上对原球茎萌发有促进作用，其中椰子汁的效果最好，浓度以10%最好。香蕉汁、马铃薯汁促进原球茎分化形成根状茎，促进根状茎增粗等效果明显。

2. 原球茎增殖

影响金线莲原球茎增殖的因素有基本培养基、激素、蔗糖、活性炭、切割方式等。研究表明，MS作为基本培养基最好，因为MS无机盐含量高。BA、NAA等可以促进原球茎的增殖，配合使用的增殖率比单独使用时高。MS + BA 0.5~1.0mg/L + NAA 0.5~1.0mg/L增殖率比较高，其中BA的用量最好不要低于NAA的用量。培养基中的蔗糖浓度以3.0%为好；如果长期进行增殖培养，蔗糖的含量应该高些。AC可以促进原球茎的增殖，浓度在0.1%~0.2%之间，以0.1%为好。光培养增殖效果比暗培养好，每天(12±1)h。切割方式中，掰开（自然分离）比横切、纵切好，且密植增殖效果好。

3. 根状茎的诱导和增殖

一般在诱导原球茎的培养基上培养，也可以诱导出根状茎。根状茎在1/2 MS、MS培养基上增殖效果较好。含有椰子汁、NAA、IBA、AC等的培养基有利于根状茎的增殖，配合使用的效果更好。切割对根状茎的繁殖有明显的影响，掰开的增殖效果比横切、纵切好。

4. 不定芽与生根诱导

待根状茎长到2~3cm时，从基部掰开，转接在1/2 MS + BA 0.2~1.0mg/L + NAA 0.5~2.0mg/L上进行不定芽和生根的诱导。BA对不定芽的诱导起主要作用，NAA对生根诱导起主要作用。一般情况下是先诱导不定芽，后诱导生根。高浓度的BA和低浓度的NAA可以促进芽体的诱导，MS + BA 2.0mg/L + NAA 0.5mg/L效果好。生根诱导时以低浓度的BA和高浓度的NAA配合使用，1/2MS + NAA 2.0mg/L + 10% 香蕉汁 + 0.1% AC为好。如果不定芽和生根诱导一起进行，则以1/2 MS + BA 0.1mg/L + NAA 2.0mg/L + 10% 香蕉 + 0.1% AC + 3% 蔗糖具有较好的出芽与生根效果。AC对于不定芽的诱导有促进作用。培养基中添加适量的AC，有利于芽苗的增殖生长，且芽苗增粗、伸长。而且，培养基中添加AC也有利于促进芽苗的生根与壮苗生长。

5. 试管苗的移栽

由于金线莲生长发育过程中对环境的光、温、水、肥、气等因子有严格要求，因此，无论是组培苗移栽驯化，温室集约化栽培，还是露地大面积人工栽培，如何创造条件以满足金线莲对环境因子的特定要求，是人工栽培能否取得成功的关键所在。

金线莲组培苗移栽前，宜置于阴凉通风处炼苗1~2周，继而洗净根状茎上黏附的琼脂培养基，并用400倍多菌灵消毒10min，然后选取茎粗0.15cm左右，株高8cm以上、具有4片叶、2~3条长约1cm根的壮苗，先于室内假植15d左右（盖上薄膜保湿），再移植于室外荫棚或野外栽培基地。移栽基质为森林腐殖土和经风化的黄壤土，分别掺10%和30%的粗砂，其上覆盖洁净干燥的苔藓。这两种基质能为金线莲生长发育提供疏松、透气、排水和保水性能良好的土壤条件；栽培环境的气温宜在18~20℃；金线莲既需水又忌积水，施水量的多少应视植株发育状况、土壤（或栽培基质）中的含水量、气温高低以及空气湿度等具体情况灵活掌握。

（1）露地人工栽培

金线莲属阴生植物，光饱和点低，对生长环境要求较为苛刻。在山地进行人工栽培时，应选择野生金线莲生长密集的地方或海拔较高的林内溪沟边阴凉处，这是取得成功的关键。栽培地要求在海拔400m以上，近阔叶林或针阔叶混交林带，1月平均气温≤10℃，7月平均气温≤27℃，空气相对湿度≥70%，常风小或静风，通风，透光度为30%左右，周围有水源，土壤结构性能好，呈中性或微酸性，pH4.5~6.5。

（2）室内人工栽培

室内栽培时用树条、竹条或水泥柱搭箱架，箱宽1.3m，箱长视场地而任意延长，箱高10cm，箱底离地高30cm左右，箱内放殖土，上搭凸棚并盖塑料布防雨水冲刷成活率达90%。沙床栽培可在干净室内铺设沙床，面积视生产规模而定，沙层厚度6cm左右。大规模生产可采用如标准化蘑菇房的形式栽培。栽植株行距5cm×10cm，每平方米定植200株左右。此法主要技术环节有：①喷施金线莲专用肥，以迟效性有机肥为主，如大豆饼经发酵后的稀释液，在90d左右的生长期内喷施4~5次，配合叶面施肥更好；②分季节做好喷水工作，切实保持床沙不发白；③加强检查，防治蛞蝓和蜗牛的危害；④注意栽培场所的通风。

→任务提交

1. 提交学生工作页；
2. 提交铁皮石斛、金线莲组培瓶苗。

→拓展知识

铁皮石斛为南亚和东南亚地区著名的药材，铁皮枫斗等产品在市场上价格不菲。在野生状态下，铁皮石斛繁殖速率低、生长缓慢，加之掠夺性采挖，使其野生资源日益减少，远远不能满足国内外市场和临床医学的需要，因此铁皮石斛人工种植的规模迅速扩大。下面就种植模式、基质选择、植后管理中关键的问题作一介绍。

1. 种植模式

（1）仿野生栽培

仿野生栽培是指选择通风较好、树皮较厚且裂痕较多的成片树林，采用捆绑或钉夹的方式将铁皮石斛苗固定在树干上或者石头上，石斛生长全过程中没有任何的保护措施，基本处于自然状态下的栽培模式。栽培模式可细分为以下两种方式：①贴树栽培法。选择树干较粗，水分较多的阔叶树，用钉子或绳索把石斛种苗的根基部固定在树干上，然后用牛粪薄薄地涂于石斛根部，也可用遮阳网等包扎。贴树栽培的密度一般每丛间隔按30~40cm，贴树栽培时必须选择背光的一面为栽培点，否则会因光照过强影响生长。②贴石种植法。将石斛种苗直接栽入石头穴中或石缝上，用石渣或小卵石将根压实，使茎和根固定在穴内或石面上。为了更好地固定，用牛粪或稀泥将石斛种苗的根黏糊于岩石上，以免脱落，必要的话可以采用定植网固定。这种方法种植的石斛品质高、成本低，但由于树种不一、地势陡峭不均、覆盖物少、保水性差、虫害种类较多等原因，给人工管理带来极大的不便，在极端旱涝和低温天气中会严重影响仿野生栽培的成活率和产量。

（2）半野生栽培

半野生栽培是指利用自然的树木、树段或者其他未经加工的自然物体作为铁皮石斛的附着物，将铁皮石斛种苗捆绑或者钉夹在这些物体上，栽培地搭建简单的挡雨遮阳设施。半野生栽培可细分为以下两种方式：①活木移栽按行距 1.0～1.3m，由东向西倾斜 45°～60°，在离地面 80cm 以上，将石斛种苗按 10～12cm 的距离捆绑于树上，盖上遮阳网，遮阳网高度视所移栽树的高度而定。②木段栽培利用带皮的杉木段搭建成苗床，苗床不加任何基质，将石斛种苗捆绑固定于木段上，苗床上方搭建必要的挡雨遮阳设施。使用此方式，效果很好。

（3）设施栽培

根据铁皮石斛的生产特性，因地制宜，人为设计适合石斛生长的各种设施，并将石斛种苗种植于人工配制的基质中。设施栽培的特点是必须搭建大棚及配制基质。此方法便于对石斛生长的光、温、水、肥及通风进行调控，因此最适合石斛生长，目前使用也最为广泛，但建设大棚成本较高。主要方式有：①大棚苗床栽培在温室大棚中设立离地 80cm 高的苗床（活动或固定），苗床铺设人工配制的基质，将石斛种苗种于基质中。在选择本方法时，大棚的建设可以根据特定的环境和经济条件做出各种调整。装有水帘风机及电动遮阳网的大棚条件最好，造价也最高。实际生产中有许多降低造价的做法可以借鉴，只要能遮阳、挡雨、保温、自然通风即可。②大棚地栽模式在大棚内整地建苗床，上铺一层 5～10cm 厚的碎石、砖头或透水性较好的材料，再铺上 15cm 左右预先配制好的栽培基质，将石斛苗种植在基质上。此方法节省了建设苗床的费用，但石斛根部通风较差，同时容易受到地下害虫及蜗牛的危害。③槽式栽培用木材加工的边皮废料做成槽，槽底打孔后槽中放入 8～10cm 厚的经消毒浸泡的基质，将槽放置于离地 80cm 高的位置，再搭建大棚及遮阳网。此方法利用木槽代替苗床，实际上是苗床栽培的一种变化。

2. 种植基质

设施栽培是目前使用最多的种植模式，该模式中需要配制合适的栽培基质。栽培基质是优质高效栽培的关键，铁皮石斛的生物特性要求栽培基质既有良好的保水性又有通风透气性，规模化生产要求栽培基质原料易得、操作方便。基质有水苔、碎石、花生壳、苔藓、椰子皮、松树皮、木屑、木炭、木块等。有人研究木块、苔藓、锯末、腐质土、河沙的各种组合时发现，对石斛种苗生长良好基质组合顺序是：木块与苔藓＞木块与锯末＞木块与腐质土＞锯末与河沙＞锯末与腐质土。2cm 大小的木块与苔藓按 4∶1 的比例混合，使用效果较好。水苔、松树皮与碎石，花生壳与碎石的移栽成活率均维持在 95% 以上，而蛇木、碎石两种基质的保水性能较差，移栽成活率明显降低。试验研究还证明：树皮∶锯末∶羊粪 =5∶3∶2 的基质配比对石斛生长效果最好。研究不同基质对石斛试管苗的成活率影响，结果发现，碎石 + 木屑和碎石 + 河沙两种基质效果好，种苗成活率达到 90% 以上。种植基质的材料可以根据当地的情况，因地制宜进行筛选，但都要遵循基质必须既有良好的保水性又有通风透气性原则进行配比，在已知的基质用料上，松树皮、碎石和适当比例的有机物是比较常用的几种材料，建议在生产中可以参考灵活使用。

总之，在种植模式方面，仿野生种植模式生存环境不可控，虽然种出来的石斛品质最高，但产量较少，效益相对较低，生产上应用的还比较少。种植基质方面，根据基质既有良好的保水性又有通风透气性，规模化生产要求栽培基质原料易得、操作方便的原则，因地制宜，就地取材进行配置，其中水苔、碎石、花生壳、苔藓、椰子皮、松树皮、木屑、木炭、木块等是主要且安全的配料。

3. 植后管理

①每天 18：00 左右喷一次叶面水，根据气候和种植材料的干湿情况，一般每隔 5d 左右喷淋一次透水。

②在气温 20℃左右，幼苗种植 10d 已开始长根，15d 左右即可喷施一些薄肥。待石斛苗进入正常生长后，每周施肥一次。

③病虫害管理。一般从种植材料开始，要做好杀虫灭菌。上床种植后，要注意防鼠、防鸟、防虫等危害，尤其是天牛危害。较容易发生的病害是烂根，主要是植料太细和淋水过多造成，除喷药外还应加强通风，则可解决。

项目 5
组培生产经营与管理

任务 12　组培生产经营与管理

知识目标

1. 了解组培苗市场化生产相关知识。
2. 理解组培生产计划的制度与经营管理。
3. 掌握组培苗的成本核算与控制技术。

技能目标

1. 会开展组培苗生产的市场调研工作。
2. 会制订组培年度生产计划。
3. 能掌握组培苗成本核算技术。
4. 能掌握降低成本,提高经济效益的措施。

任务 12

组培生产经营与管理

→ 任务目标

掌握组培苗市场调研方法；掌握组培苗年度生产计划的制订方法；掌握组培苗成本核算与效益分析技术；掌握降低成本，提高经济效益的技术措施。

→ 任务描述

组培生产经营与管理是指组织培养技术在种苗生产实践过程中的经营与管理技术，包括组培苗生产的市场调研、种苗生产成本核算和经济效益分析、年度生产计划的制订、降低成本，提高经济效益的技术措施等。

→ 任务实施

1. 任务分析

①制订生产计划时，首先要切合实际地分析某种植物的组培快繁生产技术体系，如采用的快繁技术手段，从外植体诱导启动到炼苗需要多少时间，能繁殖多少苗，有多少基数苗，种苗生产过程中的增殖倍数、增殖周期、生根率、变异率、污染率、种苗移栽成活率等技术指标。分析估算的增殖数量要比供应苗数量多一些，略有富余，有择优的余地，如果估算数量出入过大，将直接影响生产计划。

②准备估算出苗时间、定植时间和供苗时间。每一种植物都有固有的生理现象和最佳生长季节，生产必须满足生理需求，过早定植或过晚定植或与季节不符，都会影响植物的生长发育和销售。在制订生产计划时，要与实际工作量、工作时间相对应，保证供苗及时、苗壮。

③做好生产人员、生产设备及耗材的组织与采购工作。根据年度生产计划，合理组织、强化操作人员业务培训，提高操作人员的劳动效率。根据生产进度安排，及时采购相关设备及生产耗材。

2. 材料与用具

植物组织培养工厂化育苗基地、记录本、计算器、相关教学案例及教学资源等。

3. 方法与步骤

(1) 种苗生产技术体系制定

合理确定外植体诱导数或现在母瓶基数、诱导或培养周期、增殖倍数、污染率、生根率、变异率、移栽时间，移栽管理技术、移栽成活率、出苗时间、出苗合格率等技术指标体系。

(2) 正确估算生产量

①估算中间繁殖体数量 一般以苗、芽或未生根嫩茎为单位，以原球茎或胚状体难以统计，一般以瓶为计算单位。大多数都以苗或芽为单位。

一年可繁殖的试管苗数量：

$$Y = m \times x^n$$

式中　Y——年生产量；
　　　n——年增殖周期；
　　　x——每周期增殖倍数；
　　　m——每瓶母株苗数。

②估算全年种苗生产量
全年生产量 = 全年出瓶苗数 × 炼苗成活率
③估算合格供苗数量
供苗数量 = 全年生产量 × 种苗培育合格率

→ 任务提交

1. 提交学生工作页；
2. 提交某一种植物的年度种苗生产计划方案。

→ 相关知识

据不完全统计，植物组织离体再生成功的植物多达千种以上，能进行快速繁殖的植物种类也有数百种，但真正能进行商业化生产的为数不多，有100多种。国内外大多数的试管再生仍停留在实验室阶段，离商业性生产还有一段距离。究其原因，第一是成本问题。生产设备和仪器需要一定投资，维持正常生产的人工费用、水电费、低值易耗品等费用也是相当大的，生产成本比常规方法高。第二是缺乏成熟、完善的生产工艺流程及丰富的生产组织管理经验。试管繁殖理论价值很高，但实际大量生产时，还有许多问题，如转接过程中的污染损失大，成苗率、生根率、移栽成活率等还不高，每一步的损失加起来是相当惊人的。还有如何组织生产？农业生产上如何按季节提供大量合格苗？尚缺乏这方面技术管理人员和管理经验。第三是受市场制约，一些经济植物、名贵花卉，虽可试管繁殖及大量生产，但因销路不畅或良种不能售好价，如国内的脱病毒马铃薯、草莓、果树苗木，与未脱毒的售价相同，经济效益低，限制了商业化生产。第四是试管苗生产性能还不十分清楚。如一些多年生果树，品种试管自根苗结实性尚不清楚，限制了其在生产量的推广应用。这些问题都需要科研工作者不断开发出适合市场需求的新品种、新技术，完善生产工艺流程，降低种苗生产成本。同时，改善生产经营管理，提高劳动效率，提高经济效益，推动更多植物的商业化微繁生产。

12.1　组培育苗生产计划的制订与经营管理

12.1.1　组培快繁生产计划制订的参考依据

无论订单生产还是产品来料繁殖加工生产，首先要制订生产计划。生产计划应符合生产步骤和生产技术要求。在制订计划时要充分考虑到各种可能发生的情况，同时又不能把余地留得太大，以免造成浪费和增加成本，或者不能按订单提供相应的产品。制订生产计划应参考以下几方面。

（1）制定植物组培快繁生产技术体系

进行植物组培快繁的形式有很多种，如无菌短枝扦插、诱导原球茎、诱导丛生芽、诱导胚状体等，不同植物在组培快繁生产中所采用的技术手段不同。进行某种植物的组培快繁生产，首先要考虑组培种苗定植时间、用苗量；从外植体诱导启动到炼苗需要多长时间，在这段时间内能繁殖多少苗；最后确定一种繁殖时间短、成本低、苗量多、种苗健壮、变异率低、定植成活率高的繁殖形式。如马铃薯最适宜的快繁形式是瓶内短枝扦插，这种方式繁殖速度快，苗量多，苗健壮，成活率高。

(2) 严格控制生产技术环节

植物组培快繁生产技术体系制定出来后,在实际生产环节中必须按计划完成,每一技术环节环环相扣,不能有任何一点马虎。一旦出现问题,应抓紧处理,不能造成大的损失。如外植体诱导中间繁殖体的时间过长,减少了增殖继代次数,不能完成供苗任务;外植体诱导中间繁殖体要达到预期目标(短茎、二生芽、胚状体),如果达不到预期目标,影响了繁殖体增殖继代的数量,也不能完成供苗任务;如果实际生产中出现大面积瓶苗污染、玻璃化现象或炼苗成活率低等,都能影响苗的质量,这些技术疏忽或不严格控制,都会给生产带来相当大的损失。

(3) 保证供苗时间

供苗时间就是种苗定植时间。定植时间的确定,一般根据种植种类及品种的生长周期和种植形式、当地的地理环境和气候条件以及丰产采收时间来确定。如蝴蝶兰瓶苗每年3~5月出瓶合适,经18个月栽培管理,在第二年春节前开花上市,给种植者带来较大的收益,如果出瓶时间过晚,推迟了开花时间,春节前不能开花上市而在春节后开花,既造成生产成本浪费,又得不到经济效益。按预定时间提供种苗,在进行生产计划制订和产量测算时,要与实际工作量留有余地,保证苗好、苗壮、供苗畅通。

(4) 正确估算生产量

正确估算组培苗的增值率,是制订生产计划的核心问题,增殖率估算预测能达90%,就能顺利地完成生产任务,估算数量出入过大,直接影响生产计划。估算预测要全面考虑,经预培养采多少外植体,能产生多少中间繁殖体,中间繁殖体的增殖倍数要有大致估算,估算的增殖数量要比供应苗数量多一些,略有富余,有择优的余地。有经验的生产企业有专人做组培生产的技术储备工作,对植物组培过程中的每一个技术环节都能进行准确把握,合理处理,准确制订计划,完成生产任务。

12.1.2 生产计划的制订

试管苗的增殖率是指植物快速繁殖中间繁殖体的繁殖率。估算试管苗的繁殖量,一般以苗、芽或未生根嫩茎为单位,以原球茎或胚状体难以统计,一般以瓶为计算单位。大多数都以苗或芽作单位。

一年可繁殖的试管苗数量:$Y = m \times x^n$

式中　Y——年生产量;
　　　n——年增殖周期;
　　　x——每周期增殖倍数;
　　　m——每瓶母株苗数。

如果每年增殖8次($n=8$),每次增殖4倍($x=4$),每瓶8株苗($m=8$),全年可繁殖的苗为:

$$Y = 8 \times 4^8 \approx 52(万株)$$

以上计算的是理论生产数据,在实际生产中还有其他因素,如污染、培养条件、发生故障等能造成一些损失,实际生产的数据比估算的数据低。

根据市场的需求和种植生产时间,制订全年植物组织培养生产的计划。制订生产计划虽不是一件很复杂的事情,但需要考虑全面、计划周密、工作谨慎,把正常因素和非正常因素都要考虑进去,往往制订出计划后,在实施的过程中,容易发生意外事故,这是值得注意的重要事情。

(1)制订某种植物组培生产计划

根据市场的需求，各种植物都有一定的需求量，但是用苗时间和用苗量都不统一，每年春、夏、秋、冬都有定植时间，用量不同。

(2)制订全年组培生产计划

一个植物组织培养种苗工厂能生产各种各样的植物种苗，并且全年生产，周年供应。

$$全年生产量 = 全年出瓶苗数 \times 炼苗成活率$$

例：以桉树组织培养为例，它们平均30d为一个增殖周期，一部超净工作台每人转苗量1200株，计算全年(300工作日)的生产量。

$$全年生产量 = 1200 \times 300 = 360\ 000(株)$$

其中30%的苗为增殖培养，70%的苗为生根出苗，计算全年成活出苗量。

$$全年出苗量 = 360\ 000 \times 70\% = 252\ 000(株)$$

12.1.3 生产计划的实施

生产计划容易做，但实施过程中一旦有疏忽，无论是技术还是工作失误，一方面对生产造成损失，另一方面客户错过种植时间，影响收益，对客户要进行经济赔偿，否则就失去企业信誉。生产计划的实施，必须做好以下几方面工作。

(1)生产管理实行责任制

生产计划制订后，确定管理人员、生产人员，实行责任制管理。责任人要签订责任协议，确保生产管理有保障，生产技术有保障，生产人员安全措施有保障。责任人要明确责任权限，将工作中的每一个环节分解到人，落实到人，层层分解，层层落实，明确每人的岗位职责和任务，使每人都有自己的生产目标。建立工作制度，明确奖罚制度，使每位工作人员感到责任的重大，必须按时完成任务，而且是保质保量完成任务。

(2)生产技术专人负责

根据计划设计生产技术路线，技术负责人对生产计划负总责，从任务下达，到技术环节的检查，直至任务完成，要全面负责。每个生产环节要安排专人定岗、定责、定任务、定技术管理，如有问题随时向总负责人请示，负责人随时随地对生产进行全面监控、检查。从外植体的选择、消毒、无菌培养物的建立→培养基配方拟订→诱导中间繁殖体和增殖培养→生根培养→试管苗出瓶移植→定植。尤其是某些植物在培养过程中易发生褐变、黄化、玻璃化、生长速度慢的现象，应及时找出原因及时解决。每一个环节都非常重要，任何一个技术环节处理不当，就会影响整个生产的完成。

(3)出苗时间、定植时间和生长季节相吻合

每一种植物都有固有的生理现象和最佳生长季节，生产必须满足生理需求，过早定植或过晚定植或与季节不符，都会影响植物的生长发育和收获。如草莓在山东多数是保护地栽培，组培种苗在12月出苗定植，第二年春天生产匍匐茎，每株能生产80~120株匍匐茎，8~9月将匍匐茎5℃冷藏30d左右，春化生理完成后，在保护地按生产草莓株行距定植，10月覆盖塑料薄膜保温，元旦前后草莓上市，效益非常高。蝴蝶兰在北方地区养护栽培，一般是春季4~6月出瓶上盆，逐渐由小到大换盆养护，第二年春节前开花上市。如果延后出瓶或者养护温度达不到25℃，蝴蝶兰不能完成生理生长发育要求，春节前就不能开花上市，春节后3~4月开花，影响了年宵花市场的经济效益。蝴蝶兰在福建、海南、广西等地虽然温度能保证，也要考虑它的生长时间。

12.1.4 组培生产经营管理

(1) 生产对路产品，适时适量满足社会需求

试管繁殖出来的产品，能不能很快销售，很快用于生产，取决于该产品是否是社会急需。如果产品对路，销售畅通，那么效益就显著。美洲商业性组培室，看准市场对观叶植物需求量迅速增加，而消费者自己不能繁殖，而加快波士顿蕨（Bostonfern）的快繁，仅1985年就生产3.25亿株，接近观叶植物总产量的1/2，经济效益可观。韩国一个商业性实验室分析了市场对花卉的需求情况，大力加强兰花及切花等花卉生产，生产市场急需的兰花，一年生产30万株苗木，盈利6.58万美元。而观叶植物市场较小，则停止了这方面的生产。近年来，国内市场对观赏百合的需求也剧增，也应大力发展生产。

(2) 坚持信誉第一，质量第一

商品生产能否站住脚，能否在强手如林的市场情况下存在，一定要坚持质量第一，信誉第一。对用户负责，为生产着想，坚持真正为社会服务。繁殖出的试管苗品种应是优良、稀缺品种，品种纯度要高，保证无病虫，定植后成活率高，才能取得信誉。

(3) 做好试管苗生产性能示范工作

目前，人们对试管苗生产性能如何尚缺乏了解，应尽早把所繁殖的优良、稀缺、名贵品种，或新引进、或脱毒苗及早定植，多点试验和实物示范，对推广和销售试管苗，无疑有着积极意义。

(4) 培训人员，储备技术

组织培养一般技术并不分复杂和深奥，容易学会，但要试验一种新的植物时，时常要做大量系统的研究，要具备有一定的理论基础和实际操作技术，才能解决一个个难关。因此，在进行生产的同时，还要搞些试验研究，以储备技术，才能适应市场的需要和变化。

(5) 建立良好的管理制度

实行承包，计件工资，改善经营管理，使试管苗快繁不断持续向前发展。

12.2 组培育苗生产成本核算

12.2.1 成本核算的意义

(1) 通过成本核算了解生产过程中的各种耗费

为了保证试管苗再生产的顺利进行，生产中的各项耗费，必须及时合理地加以补偿。由于产品成本是衡量补偿生产消耗的一把尺子，只有正常计算成本，才能确定从产品收入中拿出多少来补偿生产的消耗。同时，只有正确的计算产品的成本，才能正确确定当年的盈利。如有的单位，培养室很大，而培养材料不多，靠电加温来控制温度，结果所消耗的电费相当惊人，从而也就无法搞盈利生产，因此必须进行成本核算。

(2) 产品成本是反映经营管理工作质量的一个综合指标

如固定资产是否充分利用，物质消耗是否超支或是节约，管理水平、劳动生产率的高低等，都会直接或间接地在产品成本这一经济指标中反映出来。根据成本指标的分析，可揭示经营管理的各个方面，抓薄弱环节，为改进管理提供信息。通过成本计划和日常成本控制，可以有效地防止各种不必要的浪费。因此，加强成本管理是全面改善经营管理的极其重要环节。

(3) 进行成本核算和成本管理，可以促进生产单位注意各项技术措施的经济效果

根据对试管苗生产过程中不同措施下效果和消耗的对比，得出单项措施和综合措施的经济效果，从而可以帮助生产单位作出最好的技术决策和选择最优的技术方案，这样既能促进产品的增加，又能促进投资效益的提高。

(4) 制定产品价格的依据

试管苗刚进入商品生产，由于未进行成本核算，一些单位不知道怎样确定价格，不是要价过高，就是随意降得过低。试管苗成本是确定价格的最低界限，首先要保证够本，同时还应保证生产单位有一定盈余。向商品化过渡，必须进行成本核算和成本管理，只有这样才能明显地节省开支，增加收益。

12.2.2 成本核算的方法

植物组织培养工厂化育苗生产成本，包括直接成本和间接成本。

(1) 直接成本

直接成本是直接用于试管苗生产的各项费用，包括化学试剂、有机成分、植物激素、蔗糖、琼脂、农药、化肥、水电费、种苗费以及生产人员工资、各种办公费用、奖金、津贴、福利、补贴等。

(2) 间接成本

间接成本是不能直接计入生产成本，只有按一定标准进行分摊后才能计入产品生产成本的费用，包括仪器、设备、房屋、温室、塑料大棚、玻璃器皿、金属器械、花盆、基质、塑料袋等折旧消耗，以及间接人员的工资、福利、补贴等。期间费用是为组织管理生产经营活动而发生的各项费用，应按发生时间和实际发生额确认，计入当期损益。

①销售费用　是销售产品或提供劳务所发生的各项费用，如销售过程中发生的运杂费、保险费、展览费、广告费、销售人员工资等。

②管理费用　是为组织生产所发生的费用，包括管理人员工资、职工教育培训费、劳保费、招待费、车船使用税、技术转让费、无形资产摊销、存货盘亏等。

③财务费用　是为筹措资金而发生的支出，包括利息支出、汇兑损失及有关手续费等。

$$试管苗生产成本 = 生产直接费用 + 生产间接费用$$

12.2.3 利润核算

利润是一个重要的效益指标和经济效果评价指标，利润的高低直接反映企业经营管理水平、市场竞争能力以及对各生产要素的利用程度。

$$利润 = 销售收入 - 生产成本 - 期间费用$$

12.3 降低组培生产成本，提高经济效益的技术措施

通过成本核算和试管苗实际生产的效益计算，一些单位反映成本偏高、效益不好。因此，降低试管苗的生产成本，提高经济效益，是试管苗能否持续应用于生产的首要问题，应采取如下措施：

(1) 提高劳动生产率、节约工资

植物试管繁殖工艺过程较为复杂且费工，国外人工工资占试管苗总成本的70%，成为国外实际应用的一大障碍。因而国外正大力研究组培过程的自动化和机械化操作，以替

代昂贵的人工。澳大利亚 Daekin 大学研制成功的机器人，1s 可转接 1 个芽，但造价昂贵且不能区分材料的好坏。日本研究出一种能区分材料优劣的机器人，每 15s 转接 1 个芽，现已投入生产，但成本增高。同时，试管种苗商也利用发展中国家的廉价劳动力，合资办厂或收购种苗。泰国生产的兰花试管苗售价仅为 2.5 铢（折合 0.104 美元），是日本兰花苗售价的 31.3% ~ 41.7%，主要原因是人工费用较低。国内生产中人工费用占总成本的 25% ~ 40%。因此，如何提高劳动生产率是一个应密切重视的问题。工作人员操作熟练，既快又准确，污染率还低，一般工人每人每天生产 100 ~ 250 株试管苗并不是很难的事。因此，实行岗位责任制，定额管理，计件工资，个人或家庭承包是降低成本，提高劳动生产率的有效措施。

(2) 减少设备投资，延长使用寿命

试管苗生产需要一定的设备投资，少则数万元，多则数十万元。除了应购置一些基本设备外，可购可不购的不购，能代用的就代用，如用精密 pH 试纸代替昂贵的酸度计。一个年产木本植物 3 万 ~ 5 万株苗，草本植物 10 万 ~ 20 万苗的试管苗工厂，有一个超净台就够了。经常及时检修、保养，避免损坏，延长寿命，是降低成本提高经济效益的一个重要方面。

(3) 降低器皿消耗，采用代用品

试管繁殖中使用大量培养器皿，少则数千，多则上万，投资大，加上这些器皿易损耗，故费用较大。培养室中日光灯管的更换，也是一项大的开支。减少这些易耗品的损坏，采用廉价代用品，延长使用寿命是降低成本的一项重要措施。

(4) 节省水电开支

水电费特别是电费在试管苗总的生产成本中占有较大比重，少则占 1/8，多则占 1/3，有报道高达 2/3 的。因此，节省水电开支也是降低成本的有效方法。

①尽量利用自然能源　试管苗增殖生长和发根均需在一定温度和一定光照下进行，维持这样的温度和光照不一定全要电能。应尽量利用自然光照和自然温度。据陶国清报道，马铃薯茎尖培养在气候适宜条件下（10 ~ 30℃）用太阳散射光培养试管苗，比用人工光照培养的更健壮。培养室可建成自然采光的节能培养室，或加大窗户，以节省电能。

②充分利用培养室空间　培养室在北方要加温，在南方夏季要降温，控制一定的温度需要消耗大量的电能，故培养室一是不要建的太大，二是合理安排培养架和培养瓶，充分利用空间。

③减少水的消耗　配制培养基要求用无离子水，经一些单位试验证明，只要所用水含盐量不高，pH 值能调至 5.8 左右，就可以用自来水、井水、泉水等代替无离子水或蒸馏水，以节省一部分费用。但须经过试验，证明对试管苗繁殖生长没有影响才能使用。

④节省电能　电费高的地方可改用锅炉蒸汽、煤炉、煤气炉或柴炉等进行灭菌，可因地制宜地选用，以降低费用，节省开支。

(5) 降低污染率，减少次品，杜绝废品

试管繁殖过程中，不可避免地要污染，一般进行正式生产时污染率都应控制在 5% 以内。赵惠祥（1996）报道一座珠美海棠试管苗工厂因管理不善、污染严重而倒闭。在试管繁殖的前期更应予以足够重视。Kee-Yoeup Raek 等（1993）报道繁殖非洲菊和灯台花 6 万试管苗，若在第一阶段，一年中低污染率损失 0.412 万美元，而高污染率则造成 2.756 万美元的损失。污染不仅影响繁殖速度,而且增加成本,故应当把污染降低到最低限度。

外地引进的试管苗,由于途中运输,瓶口及棉塞往往积落灰尘和孢子,应仔细用70%乙醇擦拭2次,接种时再烧瓶口1次,否则易污染。珍贵材料、刚引入的材料,以及刚获得的无毒材料,为防止污染,用小的培养瓶子,每瓶转接一芽,看起来用的培养瓶多了,但这是最有效地防止稀缺材料污染损失的可靠途径。

进行商品化生产,必须提供质量高的试管苗和合格成品苗,这也是降低成本和提高效益的一个方面。鉴于目前试管苗刚开始进行商品化生产,能提出具体质量标准的很少,若无质量标准的可以参考常规方法提供的种薯、种苗标准来制定。果树树苗、经济林木种苗标准,可参照一般苗木标准来制定,在保证品种纯正,原有良种特性不变,无病虫基础上,规格要比常规低1~2个等级。

试管繁殖的特级苗和一级苗比例高,其经济效益大,反之则低,因为试管苗各个级别的苗成本基本一样,但商品价值则相差很大。因此试管繁殖过程中,应采用加速生长,尽量提早入圃,在无霜期短的地方,需采用铺膜、扣棚方式,延长生长。如是无毒苗,还应做好防止再感毒,争取一级苗达80%以上,并杜绝废品苗,把次品苗降低到最低限度。

(6)提高繁殖系数和移栽成活率

在保证原有良种特性的基础上,尽量提高繁殖系数,这是降低成本,提高效益的又一有力措施。一般理论值计算都很高,但实际达不到。如对先锋葡萄品种一年繁殖的理论计算和实际生产数对比表明,一株试管苗理论上一年可繁殖$1×3^{12}$,即为53万多株苗,但实际只繁殖出3.1万株,仅达到理论值的6%。其中,污染累加4074株,特别是早期污染,理论上造成少繁殖20.6万株。出售、转让、试验用试管苗2423株,理论上又少繁殖22.2万株。到移栽时用于移栽又少繁殖5.2万株。更重要的是当繁殖到一定数量时,又受到设备、容器和人力等的限制。如在前5个月当苗数少的时候,理论值和实际值还比较接近,第5个月理论上应是$1×3^5=243$株苗,但实际已达到309株,第8个月理论上就有$1×3^8=6561$株苗,实际上才有972株,10个月应有59 049株,实际仅为9275株,此时容器已饱和,很难再增加。此时即进入移栽,不断循环。如果要达到理论值的53万株苗,仅培养瓶就需要17万个,这当然不大可能,所以繁殖到一定数量时,设备成了最大的限制因子。采用适当增添设备,加快生产周转,充分利用设备、器皿,以及降低污染,特别是早期污染,是提高繁殖系数的有效措施。

除了加快繁殖速度外,提高生根率和移栽成活率也是一个关键。繁殖快,而生根率不高,若移栽成活率又低,则总的成苗就少。如繁殖出的嫩茎转入生根培养基只有40%生根,生根苗移栽成活率仅50%,加上出圃等又损失5%,这样最后才得到19%的成苗率,把80%以上的试管苗损失了,成本就会增加4倍。木本植物试管苗移栽成本较高,占总成本的55%~73%,在移栽上如何简化手续、降低成本、提高成活率大有文章可做。

(7)简化培养基

培养基尽管利用化学药品种类较多,但在整个试管苗成本中所占比例不大,从生产实例中可看出,除黑穗醋栗外,其他培养基所占比例均不高于10%。君子兰虽超过10%,是因其培养时间长,要1年才能成苗。葡萄试管苗使用培养基简单,成本还不到3%。黄铭枢等核算倒挂金钟试管繁殖培养基成本每株不足1分。但从节省成本、降低能耗的角度来看,还应考虑简化培养基。培养基中各成分的费用,是按琼脂、糖、植物激素、大量元素、有机成分和微量元素顺序依次降低。陶国清等培养马铃薯切段繁殖中除去有机成分、微量元素，用食用糖代替化学纯蔗糖，对幼苗生长无太大影响，有关用白糖代替蔗糖的效果已为许多试管繁殖所证实。培养基中成分能否减去要通过试验来证实，若无显著影响可以省掉。减少琼脂或用滤纸桥、液体浅层培养，以代替较贵的琼脂。谭文澄用液体浅层法培养非洲紫罗兰，转移较大丛生苗或已适于生根的较大单株，发现增殖速率提高，可缩短周转期，节约培养基成本，还减轻洗瓶子的劳动。黄铭枢等发现，用自来水代替蒸馏水，白糖代替蔗糖，倒挂金钟愈伤组织刚转移的头两个星期，分泌出的物质比原培养基多，生长也慢，但仍能分化小苗，继代一个月后，就同原培养基相同了。

(8) 发展多种经营，开展横向协作

为了充分利用设备，使忙季和淡季工作均衡，应发展多种植物试管繁殖，如发展多种花卉生产，或者花卉、果树、经济林木、药材等多种作物结合起来，以主带副，搞成一个综合性的试管苗工厂，也是降低成本提高经济效益的途径。

为了更好地发挥"快速繁殖"技术的效益，必须一方面加强与其他生物技术部门的协作或结合，如去病毒或病毒鉴定、有益突变体的选择、种质保存。另一方面加强与常规育种、选种、栽培等方面的结合或合作，使之在多方面发挥效益。加强与科研单位、大专院校、生产单位的合作，采取分头生产和经营，相互配合，既发挥了优势，又减少了一些投资。

→ 拓展知识

植物组织培养既是一门科学，又是一门技术。作为科学，它以植物学、植物生理学、遗传学为理论基础，研究植物在离体条件下的形态建成、营养生理、体细胞遗传等规律。作为一门技术，它既是植物细胞工程(包括组织培养)和基因工程的技术基础，又是植物快速无性繁殖的重要技术。影响组织培养的因素很多，既有内因，也有外因。内因，主要是植物自身生长、发育与繁殖的特点。外因，主要包括外植体、培养基、激素、添加物、糖、pH值、温度、光照、培养方式等。组培研究的目的就是通过比较试验，发现某种植物最佳的外植体和最适的培养条件。

一、组培研究技术路线

在众多影响因素中，先试验什么，后试验什么，就是技术路线的问题。首先要确定的是外植体。最好的外植体当然是无菌的试管苗。试管苗的来源可能有三条途径：一是从生产单位或科研单位购买，二是通过技术转让，三是种苗交换。其中，购买的试管苗一般不会有多大、多久的市场潜力，否则别人不会出售试管苗。交换试管苗要以自己雄厚的技术实力作后盾。这里还有很重要的一点，就是组培行业一条不成文的规矩：给苗不给配方，给配方不给苗。其中缘由不言而喻。因此，对于技术力量薄弱的组培企业来说，还是技术转让的好。在没有试管苗的情况下，一般取腋芽和顶芽作外植体，取材时期最好在春夏之交植物旺盛生长的阶段。对于自己采的外植体，一般按下列步骤筛选培养条件。对于不知培养基配方的试管苗，一般先在空白的 MS 基本培养基上过渡一代，然后再按同样步骤试验。

生长素和细胞分裂素 以 MS 培养基为基础，首先筛选生长素和细胞分裂素的种类、浓度和配比。生长素一般选用 IAA、NAA、IBA，细胞分裂素一般选用 BA、KT、ZT，浓度范围均为 $0.5 \sim 2.0 \text{mg/L}$。一般在增殖阶段细胞分裂素多一些，在生长阶段生长素多一些，生根阶段只加生长素。这里所说的只是一般情况，组培中的特殊情况还是比较常见的，应具体情况具体分析。

培养基种类 如果组培苗生长不理想，就要接着筛选基本培养基种类。一般保持激素配方不变，比较 MS、B5、WPM 等几种基本培养基的效果。

糖和其他添加物 一般用蔗糖(或白砂糖)3%，也可试验2%~5%等不同含糖量的差异；如果差异不明显，从节约成本角度选最低含糖量。糖的种类还有葡萄糖、山梨醇等，但一般情况都用蔗糖(生产中多用白砂糖)。椰子汁、香蕉汁、水解酪蛋白(CH)、水解乳蛋白(LH)等有机添加物只在植物枯黄等特殊情况下使用。活性炭(AC)、聚乙烯醇(PVP)等无机添加物也只在植物褐化等特殊情况下使用。

pH值与离子浓度 培养基的pH值一般取5.6~6.2，特殊植物如杜鹃、枣树可以稍低或稍高，但pH值一般不会超过5.0~7.0的范围。离子浓度除了1/2 MS、1/4 MS之外，Fe^{2+}离子的浓度有时(如植株发黄)会作调整，如2倍、3倍、4倍铁盐等。其他离子在选择好基本培养基之后，一般不作调整。

光照 先进行光培养与暗培养的试验，然后选择光照周期。一般8：00~20：00，12h光照；长至16h，短至10h。至于光质的选择在一般情况下不作试验，直接用日光灯照明。

温度 温度处理要在不同的培养间进行。原则上(25±1)℃，实际上(25±2)℃居多。一般都是变温培养，不仅昼夜有温差(照明发热)，而且四季也有温差。生产单位在冬季不低于20℃，夏季不高于30℃，均属正常。另外，同一个培养架的上下层之间也有2~3℃的温差(上高下低)，放置培养瓶时可充分利用这种温差。

培养方式 一般采用固体静置培养，因为这样节省设备，也节省空间。液体振荡培养在胚状体、原球茎等发生途径中使用。茎尖、胚等微小器官或组织可采用二相培养基。对于固体培养基的琼脂用量来说，不同厂家、不同批号的用量都可能不同，而且pH值对培养基固化影响很大。在一定的pH值下，以能固化的最少用量为准。

二、试验设计

研究的对象一旦确定下来后，就要开始进行科学的试验设计了。组织培养的试验设计主要包括三类方法：单因子试验、双因子试验和多因子试验。实际顺序是从多因子试验到单因子试验。

(1) 单因子试验

在所有可变因子中，只能有一个因子的变化，如含糖量2%、3%、4%、5%的试验，pH5.6、6.0、6.2等的试验，铁盐用量1倍、2倍、3倍、4倍的试验等。一般是在其他因子都选择好了的情况下，对某个因子进行的比较精细的选择。

(2) 双因子试验

常用于选择生长素与细胞分裂素的浓度配比。双因子试验多采用拉丁方设计。如IBA与BA均取0.5mg/L、1.0mg/L、2.0mg/L三个水平，进行浓度配比的试验，激素配方见表12-1。

如此，自上而下，IBA的浓度逐渐升高；自左至右，BA的浓度逐渐升高；从左上到右下，二者的绝对含量逐渐升高；从左下到右上，IBA的相对含量逐渐降低，而BA的相对含量逐渐升高。可见，这样的试验设计，已经包括了两种激素的所有可能组合。

表12-1 双因子试验设计　　　　　　　　mg/L

BA\IBA	0.5	1.0	2.0	合计	平均
0.5					
1.0			Pd		
2.0					
合计					
平均					

(3) 多因子试验

多因子试验主要用于对培养基种类、激素种类及其浓度的筛选。多采用不完全实施的正交设计。如采用 4 因子 3 水平 9 次试验的 $L_9(3^4)$ 正交试验，可以一次选择培养基、生长素、细胞分裂素、赤霉素等众多因子及其水平(表 12-2)，然后查正交表组合因子及其水平(表 12-3)。

表 12-2　$L_9(3^4)$ 正交试验设计

水平	因子			
	培养基	生长素(IBA)	细胞分裂素(BA)	赤霉素(GA)
1	MS	0.5	0.5	1.0
2	B_5	1.0	1.0	2.0
3	WPM	2.0	2.0	4.0

表 12-3　$L_9(3^4)$ 正交试验配方

编号	培养基	IBA	BA	GA
1	MS	0.5	0.5	1.0
2	MS	1.0	1.0	2.0
3	MS	2.0	2.0	4.0
4	B_5	0.5	1.0	4.0
5	B_5	1.0	2.0	1.0
6	B_5	2.0	0.5	2.0
7	WPM	0.5	2.0	2.0
8	WPM	1.0	0.5	4.0
9	WPM	2.0	1.0	1.0

三、数据采集与结果分析

在植物组培技术研究中，数据采集是试验研究的重要内容。初学者往往不知组培中有何"数据"，如何采集。其中关键问题，一是材料微小，不好测量；二是多为质量性状，不好定量。其实，组培中还是有不少可以定量的数据。举例如下：

①发芽率、污染率、生根率、成活率等可用百分率表示的数据。

②繁殖（增殖）系数一般在继代培养时调查。原则上应以单株增殖的不定芽数计算，但实际上往往以转接的瓶数与转出的瓶数计算。当然这要求每次、每瓶放置的不定芽数相等。

③不定芽高度可以培养基平面为基准，用三角板从瓶外测量。

④对愈伤组织的生长状况，可用编码性状。即先找出最好与最差的极端类型，然后根据生长差异分良、中、差三级，或优、良、中、差、劣五级。可分别记为 3、2、1，或 5、4、3、2、1，或者以 +++、++、+，或 +++、++、+、-、-- 等来表示。特殊情况可用文字记入备注栏。在此一定要注意分级、编码，不能只记文字。另外，对于愈伤组织的生长量，也可以用大、中、小编码表示。

以上所述均为非破坏性的测量。也就是说在测量之后，植物仍能正常生长。如果条件允许破坏性测量，那就与活体生长差不多。组培过程中，一定要充分利用转接、出瓶等时机，直接调查、采集数据。

组培试验的结果分析，没有特殊的要求。一般可直接比较大小、高低；在差异不明显时，需要进行显著性检验。多因子试验需要进行方差分析，以确定主要影响因子。

附录 1

学生工作页

_____ _____学生工作页

专 业		班 级	
姓 名		座 号	
工作任务描述			
使用的仪器设备			
工作内容记录（工作内容、出现问题、解决办法）			
工作体会			
完成任务时间	年　月　日		

附录 2

植物组织培养基中常用的化合物的相对分子质量

化合物名称	化学式	相对分子质量
大量元素：		
硝酸铵	NH_4NO_3	80.04
硫酸铵	$(NH_4)_2SO_4$	132.15
氯化钙	$CaCl_2 \cdot 2H_2O$	147.02
硝酸钙	$Ca(NO_3)_2 \cdot 4H_2O$	236.16
硫酸镁	$MgSO_4 \cdot 7H_2O$	246.47
氯化钾	KCl	74.55
硝酸钾	KNO_3	101.11
磷酸二氢钾	KH_2PO_4	136.09
磷酸二氢钠	$NaH_2PO_4 \cdot 2H_2O$	156.01
微量元素：		
硼酸	H_3BO_3	61.83
氯化钴	$CoC_{12} \cdot 6H_2O$	237.93
硫酸铜	$CuSO_4 \cdot 5H_2O$	249.48
硫酸锰	$MnSO_4 \cdot 4H_2O$	223.01
碘化钾	KI	166.01
钼酸钠	$NaMoO_4 \cdot 2H_2O$	241.95
硫酸锌	$ZnSO_4 \cdot 7H_2O$	287.54
乙二胺四乙酸二钠盐	$Na_2 \cdot EDTA \cdot 2H_2O$	372.25
	$(C_{10}H_{14}N_2O_8Na_2 \cdot 2H_2O)$	278.03
糖及糖醇：		
果糖	$C_6H_{12}O_6$	180.15
葡萄糖	$C_6H_{12}O_6$	180.15
甘露醇	$C_6H_{14}O_6$	182.17
山梨醇	$C_6H_{14}O_6$	182.17
蔗糖	$C_{12}H_{22}O_{11}$	342.31

(续)

化合物名称	化学式	相对分子质量
维生素和氨基酸：		
抗坏血酸（V_C）	$C_6H_8O_6$	176.12
生物素（V_H）	$C_{10}H_{16}N_2O_3S$	244.31
泛酸钙（V_{B_1}）	$(C_9H_{16}NO_5)_2Ca$	476.53
氰钴胺素（$V_{B_{12}}$）	$C_{63}H_{90}CoN_{14}O_{14}P$	1357.64
L-半胱氨酸盐酸盐	$C_3H_7NO_2S\cdot HCl$	157.63
叶酸（V_{BC}）		441.4
肌酸	$C_6H_{12}O_6$	180.16
烟酸	$C_6H_5NO_2$	123.11
吡哆锌盐酸盐（V_{B_6}）	$C_8H_{11}NO_3\cdot HCl$	205.64
甘氨酸	$C_2H_5NO_2$	75.07
L-谷氨酰胺	$C_5H_{10}N_2O_3$	146.15
植物生长激素与调节剂：		
对-氯苯氧乙酸（P-CPOA）	$C_8H_7O_3Cl$	186.59
2,4-D（2,4-二氯苯氧二酸）	$C_8H_6O_3Cl$	221.04
IAA（吲哚乙酸）	$C_{10}H_9NO_2$	175.18
IBA（吲哚丁酸）	$C_{12}H_{13}NO_2$	203.24
NAA（萘乙酸）	$C_{12}H_{10}O_2$	186.2
NOA（萘氧乙酸）	$C_{12}H_{10}O_3$	202.2
Ad（腺嘌呤）	$C_5H_5N_5\cdot 3H_2O$	189.13
$AdSO_4$（硫酸腺嘌呤）	$(C_5H_5N_5)_2\cdot H_2SO_4\cdot 2H_2O$	404.37
BA, BAP, 6-BA（苄基腺嘌呤）	$C_{12}H_{11}N_5$	225.26
2-ip（异戊烯基腺嘌呤）	$C_{10}H_{13}N_5$	203.25
KT（糠基腺嘌呤）	$C_{10}H_9N_5O$	215.21
ZT（玉米素）	$C_{10}H_{13}N_5O$	219.25
GA_3（赤霉素）	$C_{19}H_{22}O_6$	346.37
脱落酸（ABA）	$C_{15}H_{20}O_4$	264.31
秋水仙碱	$C_{22}H_{25}NO_6$	399.43
间苯三酚	$C_6H_6O_3$	126.11

附录 3
常用英文缩略语

ABA	脱落酸		AC	活性炭
ADP	腺苷二磷酸		AR	分析试剂
AMP	腺苷一磷酸		ATP	腺苷三磷酸
alc	乙醇		BA	苄基腺嘌呤
CM	椰乳		CK	对照
DNA	脱氧核糖核酸		CPA	对氯苯氧乙酸
ER	培养基		DM	干重
F_1	杂种一代		EDTA	乙二胺四乙酸
GA	赤霉素		FAA	甲醛-醋酸-乙醇液
GH	生长激素		gel	凝胶
IBA	吲哚丁酸		IAA	吲哚乙酸
KT	激动素		IPA	吲哚丙酸
LH	水解乳蛋白		lx	勒克斯
NAA	萘乙酸		MS	培养基
n	单倍数		NBA	萘丁酸
RNA	核糖核酸		PGA	叶酸
TMV	烟草花叶病毒		RH	水解核酸
TEMED	四甲基乙二胺		TCA	三氯乙酸
Uv	紫外线		TIBA	三碘苯甲酸
YE	酵母提取物		V_C	抗坏血酸
2,4-D	二四滴		ZT(ZEA)	玉米素
			2-ip	2-异戊烯腺嘌呤

附录 4

乙醇稀释简便方法、稀酸和稀碱的配制方法

1. 乙醇稀释简便方法

原理是稀释前后纯乙醇量相等。即原乙醇浓度 × 取用体积 = 稀释后浓度 × 稀释后体积。

比如原乙醇浓度为 95%，欲配成 70% 乙醇。配制方法为：取 95% 乙醇 70mL（稀释后的乙醇浓度数值），加蒸馏水至 95mL（原乙醇浓度数值），摇匀，即为 70% 乙醇。这里原乙醇浓度为 95%，取用体积为 70mL，稀释后浓度为 X，稀释后体积为 95mL，代入上述公式，95% × 90 = X × 95，X = 70%。需要量大时可成倍增加。

2. 1mol/L 盐酸（HCl）的配制

取浓盐酸（比重 1.19）82.5mL 加蒸馏水 1000mL，即为 1mol/L HCl。

3. 1mol/L 氢氧化钠（NaOH）的配制

称取 NaOH 40g，加入蒸馏水 1000mL，即为 1mol/L NaOH。

参考文献

蔡文燕,肖华山,范秀珍.2003.金线莲研究进展综述[J].亚热带植物科学,32(3):68-72.
曹春英,任术琪,等.2001.冬枣试管苗驯化及移植条件研究[J].落叶果树(2):10-11.
曹春英.2006.植物组织培养[M].北京:中国农业出版社.
曹孜义,刘国民.2002.实用植物组织培养技术教程[M].兰州:甘肃科学技术出版社.
陈菁瑛,蓝贺胜,陈雄鹰.2004.兰花组织培养与快速繁殖技术[M].北京:中国农业出版社.
陈正华,等.1986.木本植物组织培养及其应用[M].北京:高等教育出版社.
陈忠辉,等.2002.农业生物技术[M].北京:高等教育出版社.
程广有.2001.名优花卉组织培养技术[M].北京:科学技术文献出版社.
程家胜.2003.植物组织培养与工厂化育苗技术[M].北京:金盾出版社.
褚剑峰.2005.红叶石楠的组织培养及大规模快繁技术[J].浙江农业科学(2):110-112.
崔德才,徐培文,等.2003.植物组织培养与工厂化育苗[M].北京:化学工业出版社.
崔俊茹,陈彩霞,李成,等.2004.美国红栌的组织培养和快速繁殖[J].植物生理学通报(5):588.
邓秀新,胡春根.2005.园艺植物生物技术[M].北京:高等教育出版社.
丁世民,王泽宇,等.2011.不同品种菊花组织培养比较研究[J].北方园艺(23):101-104.
郭勇.2004.植物细胞培养技术与应用[M].北京:化学工业出版社.
贺爱利,刘艳杰,黄海帆,等.2010.樱花组织培养研究进展[J].河南农业,7(下):53-54.
侯玉杰.2005.菊花的组织培养研究[J].信阳师范学院学报(自然科学版),18(3):323-325.
胡琳.2000.植物脱毒技术[M].北京:中国农业大学出版社.
冷天波,李乐辉,柴德勇,等.2011.樱花组织培养育苗技术[J].河南林业科技,31(3):53-54,56.
李健,连勇,徐涵.2009.植物细胞与组织培养技术研究[M].北京:中国科学技术出版社.
李浚明.2000.植物组织培养教程[M].北京:中国农业大学出版社.
李明军.2004.怀山药组织培养及其应用[M].北京:科学出版社.
李艳,王青,王火旭,等.2001.微型月季组织培养试管苗移栽试验[J].辽宁师范大学学报(自然科学版),24(3):306-307.
李艳敏,孟月娥,赵秀山,等.2008.'红叶樱花'的组织培养和快速繁殖[J].植物生理学通讯,44(6):1163-1164.
李云.2001.林果花菜组织培养快速育苗技术[M].北京:中国林业出版社.
刘青林,等.2003.花卉组织培养[M].北京:中国农业出版社.
刘庆昌,吴国良.2003.植物细胞组织培养[M].北京:中国农业大学出版社.
刘忠荣,洪波.2004.培养因素对菊花组织培养的影响[J].广西农业科学,1:19-21.
刘仲敏,林兴兵,杨生玉.2004.现代应用生物技术[M].北京:化学工业出版社.
卢翠华,邸宏,等.2009.马铃薯组织培养原理与技术[M].北京:中国农业科学技术出版社.
陆颖伟,吴伟欣,周根余.2006.红叶石楠的组织培养[J].上海师范大学学报(自然科学版),35(2):62-66.
罗晓青,吴明开,等.2011.珍稀药用植物金线莲研究现状与发展趋势[J].贵州农业科学,39(3):71-74.
梅家训,丁习武.2003.组培快繁技术及其应用[M].北京:中国农业出版社.
潘瑞炽.2003.植物组织培养[M].广州:广东高等教育出版社.
冉懋雄.2004.中药组织培养实用技术[M].北京:科学技术文献出版社.
宋思扬,楼士林.2003.生物技术概论[M].北京:科学出版社.
谭文澄,戴策刚.1997.观赏植物组织培养[M].2版.北京:中国林业出版社.
王得元.2002.蔬菜生物技术概论[M].北京:中国农业出版社.
王蒂.2003.细胞工程学[M].北京:中国农业出版社.

王蒂.2004.植物组织培养[M].北京:中国农业出版社.
王国平,刘福昌.2002.果树无病毒苗木繁育与栽培[M].北京:金盾出版社.
王清连,等.2002.植物组织培养[M].北京:中国农业出版社.
王永平,史俊.2010.园艺植物组织培养[M].北京:中国农业出版社.
王振龙,杜广平,李菊艳.2011.植物组织培养教程[M].北京:中国农业大学出版社.
韦三立,等.2001.花卉组织培养[M].北京:中国林业出版社.
吴殿星.2004.植物组织培养[M].上海:上海交通大学出版社.
吴冬,王红梅.2011.景观树种红叶石楠的组织培养[J].海南师范大学学报(自然科学版),24(3):314-316,321.
谢从华,等.2004.植物细胞工程[M].北京:高等教育出版社.
熊丽,吴丽芳,等.2002.观赏花卉的组织培养与大规模生产[M].北京:化学工业出版社.
许继宏,马玉芳,陈锐平,等.2003.药用植物组织培养技术[M].北京:中国农业科技出版社.
许智宏,卫明.1997.植物原生质体培养和遗传操作[M].上海:上海科学技术出版社.
杨本鹏,张树珍,辉朝茂,等.2004.巨龙竹的组织培养和快速繁殖[J].植物生理学通报(3):346.
张弓,张继福,等.1995.高山红景天组织培养技术研究[J].特产研究(4):26.
张圣方,倪德祥,等.1985.植物组织培养与繁殖上的应用[M].上海:上海教育出版社.
张献龙,唐克轩.2004.植物生物技术[M].北京:科学出版社.
赵永焕,刘成海,武延华.1998.红景天的研究与应用[J].中国林副特产(3):44.
周玉珍.2009.园艺植物组织培养技术[M].苏州:苏州大学出版社.
朱建华.2002.植物组织培养实用技术[M].北京:中国计量出版社.
朱至清,等.2003.植物细胞工程[M].北京:化学工业出版社.
宗树斌.2011.微型月季的组培快繁技术[J].安徽农学通报,16(13):74-75.